Ma première campagne

Joseph W. Grant

Writat

Cette édition parue en 2024

ISBN : 9789359940342

Publié par
Writat
email : info@writat.com

Contenu

PRÉFACE.

À la demande pressante de plusieurs de mes camarades du Douzième Volontaire de Rhode Island, je suis amené à publier ce récit, que j'ai copié dans son intégralité, avec très peu d'ajouts ou de modifications, de mon journal privé. Ceci a été écrit dans de nombreux désavantages au cours d'une campagne de difficultés et de privations inhabituelles. Espérer que cela puisse s'avérer utile, comme référence, à beaucoup de mes compagnons, qui, en raison de la nature même de la campagne, ont trouvé impossible de conserver une trace, est la seule excuse que j'ai à présenter pour avoir publié un ouvrage de cette nature.

DIAMOND HILL, RI , août 1863.

CHAPITRE I.

Le 16 septembre 1862, l'auteur de ce récit fut dûment enrôlé comme volontaire au service des États-Unis ; et, le 22 du même mois, se présenta au Camp Stevens, Providence, RI, pour son service. À cet endroit, le douzième régiment de volontaires du Rhode Island fut organisé ; et dans cette ville, le 13 octobre 1862, il fut mis au service des États-Unis, pour une période de neuf mois.

En tant que membre de ce régiment, votre abonné a été dûment élu et, du 13 octobre 1862 au 29 juillet 1863, était connu sous le nom de JW Grant, soldat, compagnie F, douzième régiment de volontaires de Rhode Island. Notre régiment était sous le commandement du colonel George H. Browne, et jusqu'à présent aucun lieutenant-colonel ou major ne nous avait été affecté. Voici les dirigeants de la société :

Compagnie A. — Capitaine, Edward S. Cheney ; 1er lieutenant, —— ; Sous-lieutenant, John S. Roberts.

Compagnie B. — Capitaine, James M. Longstreet ; 1er lieutenant, Oscar Lapham ; Sous-lieutenant, Albert W. Delanah .

Compagnie C. —Capitaine, James H. Allen ; 1er lieutenant, Jalès Macharet ; Sous-lieutenant, Matthew M. Chappell.

Compagnie D. —Capitaine, George C. Almy ; 1er lieutenant, William H. King ; Sous-lieutenant, George H. Tabor.

Compagnie E. — Capitaine, John J. Phillips ; 1er lieutenant, George F. Bicknell ; Sous-lieutenant, Christopher H. Alexander.

Compagnie F. — Capitaine, William E. Hubbard ; 1er lieutenant, George F. Lawton ; Sous-lieutenant, George Bucklin.

Compagnie G. —Capitaine,—— ; 1er lieutenant, William C. Rogers ; Sous-lieutenant, James Bowen.

Compagnie H. —Capitaine, Oliver H. Perry ; 1er lieutenant, —— ; Sous-lieutenant, Edward P. Butts, Jr.

Compagnie I. —Capitaine, George A. Spink ; 1er lieutenant, Stephen M. Hopkins ; Sous-lieutenant, Munson H. Najac .

Compagnie K. —Capitaine,—— ; 1er lieutenant, Edmund W. Fales ; Sous-lieutenant, James M. Pendleton.

John L. Clark, de Cumberland, a été nommé quartier-maître et John Turner, de Bristol, adjudant.

Le 21 octobre, à six heures de l'après-midi, les douzièmes volontaires du Rhod e Island se formèrent pour leur dernier défilé, sur Camp Stevens, et à sept heures de l'après-midi, le même jour, nous étions à bord des voitures et nous nous précipitions vers *en* route vers Washington, en *passant* par New York et Baltimore.

Nous atteignîmes Groton à neuf heures et demie, montâmes à bord du bateau à vapeur Plymouth Rock à cet endroit et, à onze heures, nous descendions le Sound.

Ce fut une nuit plutôt désagréable ; le vent soufflait frais du sud, enroulant les nuages en masses lourdes, avec chaque apparence de pluie immédiate. Cependant, au lever du jour, le vent tourna au nord-ouest, les nuages commencèrent à se disperser et au lever du soleil le ciel était parfaitement dégagé.

Juste au-delà de Hurl Gate, nous dépassâmes le paquebot Great Eastern ancré et nous avions la meilleure vue que nous pouvions désirer avoir. Il semble être un vaisseau magnifiquement modélisé, d'une taille et d'une puissance énormes.

Nous sommes arrivés à Jersey City à huit heures du matin. Débarquant du Plymouth Rock, nous avons rembarqué sur le paquebot Kill Von Hull, et à dix heures du matin, nous nous dirigions vers Elizabethport , le vent soufflant un coup de vent, droit devant. Passé par Staten Island, qui est d'ailleurs l'un des plus beaux endroits que j'ai jamais vu. Le terrain s'élève de la baie à une très grande hauteur et est couvert de bosquets de beaux arbres, entrecoupés de maisons çà et là. Je devrais penser, d'après l'apparence de Staten Island, que ce doit être un endroit charmant. Pendant que nous naviguions, près du rivage, le peuple venait des maisons pour nous saluer en agitant des drapeaux et des mouchoirs ; dans les bosquets et sur les toits des maisons, nous les vîmes et les entendîmes nous acclamer. Nous sommes arrivés à Elizabethport vers midi. Je pense que c'est un endroit d'une certaine importance comme dépôt pour l'expédition du charbon, car il y a toutes les commodités dans les voies ferrées et les quais. C'est cependant un petit endroit qui ne fait rien sauf en rapport avec le commerce du charbon. Nous sommes partis de cet endroit à trois heures de l'après-midi, *en route* pour Baltimore, en passant par Harrisburg. Le sol à Elizabethport , et tout au long du New Jersey, par chemin de fer jusqu'à Phillipsburg, Pennsylvanie, est une argile brun rougeâtre, et pendant les premiers vingt-cinq milles au-delà d'Elizabethport, le pays apparaît assez monotone, une vaste plaine plate, avec ici et là un arbuste et quelques maisons, mais pas de bonnes fermes. Les seuls arbres fruitiers que j'ai vu dignes d'être mentionnés étaient les coings ; ils étaient de grande taille, et beaucoup d'entre eux étaient chargés de fruits. Je suppose que cette route traversait la partie la plus aride de Jersey, car je ne voyais aucun signe d'économie ou d'industrie.

En entrant à Phillipsburg, nous tombâmes sur un pays des plus beaux, riche en collines et en vallées, couvertes d'arbres forestiers, avec ici et là une excellente ferme. Les collines sont hautes et lisses – aucun rocher n'est visible à la surface – offrant ainsi certaines des meilleures situations pour l'agriculture que j'ai jamais vues. Le paysage est le plus beau à travers la Pennsylvanie sur cette ligne. En raison de l'inégalité de la surface dans cette partie du pays, les coupures de chemin de fer sont très fréquentes et étendues, certaines d'entre elles s'étendant sur un mile ou plus, et si profondes que nous pouvions à peine voir le haut de la berge depuis le wagon. fenêtre. La route traverse aussi nécessairement des ravins, dont certains ont cent cinquante pieds de profondeur. Nous sommes arrivés à Phillipsburg à cinq heures de l'après-midi ; il arrêta les trains, remplit les cantines et débarrassa quatre ou cinq pommiers de deux ou trois boisseaux de fruits. Arrêté à Phillipsburg jusqu'à la nuit tombée, pour permettre le passage des trains de charbon, c'est la grande artère par laquelle de grandes quantités de charbon passent jusqu'à Elizabethport, depuis les districts houillers de Pennsylvanie. Après être partis de Phillipsburg, nous avons avancé très lentement, nous arrêtant souvent et croisant fréquemment d'énormes et longs trains de charbon, tirés par de puissantes locomotives, deux locomotives étant attachées à de nombreux trains.

Nous sommes arrivés à Easton à neuf heures mercredi soir. Ici, j'ai vu des bateaux fluviaux courir pour la première fois, se croiser et se repasser, et j'ai appris que nous étions sur la rivière Schuylkill, et j'ai traversé ce beau ruisseau immédiatement après avoir quitté cet endroit.

Après avoir quitté Easton, nous avons dormi dans les voitures, du mieux que nous pouvions. Nous avons traversé Reading dans la nuit, et le lendemain matin nous nous sommes retrouvés à proximité et, au lever du soleil, nous sommes entrés dans Harrisburg, la capitale de la Pennsylvanie. Ce n'est pas un endroit très grand, mais il est agréablement situé, le quartier regorge de beaux paysages. S'arrêtant à cet endroit, descendit des voitures, traversa le canal et se mit en ligne ; a appelé le rôle dans les rues de Harrisburg, est remonté immédiatement à bord des voitures et, après une série de courses en avant et en arrière, dans et hors du dépôt, a finalement démarré, changeant de direction pour Baltimore. Le pont qui traverse la Susquehanna à cet endroit est un très bel ouvrage ; Je pense qu'il a près d'un mille de longueur et qu'il traverse la rivière à une hauteur de près de soixante-dix pieds au-dessus de la surface de l'eau. La route longeait la rivière sur une longue distance, nous offrant une belle vue sur ce célèbre ruisseau. J'attendais avec impatience, avec beaucoup d'intérêt, le moment de franchir la frontière vers le Maryland, m'attendant à voir tout un changement dans l'aspect des choses en entrant dans un État esclavagiste, à en juger par ce que j'avais entendu. Nous avons franchi la ligne vers midi et je me suis trouvé agréablement déçu de l'apparence des choses. Au lieu de voir une abondance de nègres, j'en ai à peine vu un. Les maisons sont petites et peu coûteuses, pour la plupart, car elles viennent effectivement de New York, mais je n'ai pu voir aucune différence chez les gens ; tout ce que j'ai vu, sur toute la route depuis New York, n'était pas aussi bien habillé ni aussi soigné en apparence qu'ils le sont dans la Nouvelle-Angleterre. Le paysage, jusqu'à Baltimore, est resté des plus beaux, et le pays semble bien adapté, à tous égards, aux opérations agricoles. J'ai vu des champs de maïs assez étendus dans le Maryland et en Pennsylvanie ; le maïs était transporté hors des champs, pour y être décortiqué, en grande partie, je pense, car j'ai vu des hommes occupés en de nombreux endroits à enlever les coques et à l'emporter. Ils parviennent à récolter leur maïs à temps pour semer le même morceau de grain. Plusieurs champs étaient déjà débarrassés du maïs, les grains semés et avaient déjà atteint deux ou trois pouces de hauteur. Il semble à un habitant de la Nouvelle-Angleterre qu'il y a un grand manque de granges et autres dépendances dans ces États, mais avec les récoltes qu'ils cultivent, ils ne sont peut-être pas nécessaires.

Nous avons voyagé très lentement après avoir quitté Harrisburg, nous arrêtant souvent pour chercher du bois et de l'eau, aussi pour que les trains passent devant nous, etc. La route que nous avons trouvée strictement gardée, bien avant notre arrivée à Baltimore, croisait des compagnies après les piquets le long de la route, qui nous applaudissaient en passant. En tâtonnant, nous sommes arrivés à Baltimore juste à la tombée de la nuit, jeudi soir, le 23. Descendus des voitures, le régiment fut formé et nous traversâmes les rues de cette ville jusqu'à notre lieu de repos pour la nuit. Arrêté au rendez-vous général des soldats le temps de prendre des rafraîchissements ; nous nous assîmes, détachâmes nos sacs à dos, et commençâmes notre souper, qui consistait en café, pain blanc, bœuf, jambon, langue, krout aigre , etc. J'ai jeté les sacs à dos en bandoulière, je suis allé de là au dépôt, j'ai débloqué les sacs à dos et j'ai campé pour la nuit sur le sol du dépôt. Les tambours battaient à six heures du matin, le 24, pour l'appel ; Je tombai du *lit* , le régiment était formé, et nous allâmes déjeuner au même endroit où nous avions dîné la veille, qui n'était qu'à une courte distance du dépôt. Après le petit déjeuner, nous repartîmes en ligne devant le dépôt ; s'y reposa jusqu'à dix heures, puis parcourut les principales rues de la ville ; visité le Washington Monument, une belle structure de marbre blanc, surmontée d'une statue du *Grand Chef*. Arrêté pour se reposer autour de la base ; puis nous repartirent, visitant le monument érigé à la mémoire de ceux qui sont tombés à Fort McHenry en 1812, et formèrent la file d'où nous étions partis, pour attendre et prendre les voitures pour Washington. Baltimore est en effet un bel endroit ; il n'est pas étonnant que les rebelles nous en envient la possession. J'ai vu des bâtiments splendides dans la ville Monumentale.

Nous sommes finalement montés à bord des voitures et sommes partis pour Washington à cinq heures de l'après-midi. Juste avant la nuit, nous sommes passés devant la "Station Relais", où le Massachusetts Eighth campait en 1861. Nous avons passé piquet après piquet, gardant la route, leurs feux de camp allumés, nous éclairant au fur et à mesure que nous passions, et atteignîmes finalement la grande capitale, à onze heures de l'après-midi. Nous nous rendîmes immédiatement à nos quartiers, détachant nos sacs à dos, puis marchâmes environ quarante verges jusqu'à la « Retraite des Soldats », où nous prenâmes le souper ; puis nous marchâmes vers nos quartiers, et à une heure du matin, nous nous rendîmes. À six heures et demie, nous nous levâmes pour regarder autour de nous. C'était en effet une matinée agréable, le soleil brillait brillamment et tout annonçait une journée agréable. Le premier objet qui frappa mon regard fut le Capitole, distant d'à peine un quart de mile. Il est encore inachevé, mais plus proche de son achèvement que je ne le pensais d'après ce que j'avais entendu. A neuf heures du matin, avec quelques autres, je suis entré ; Je m'arrêtai un moment dans la rotonde pour regarder les peintures, puis montai un escalier de marbre menant à l'aile droite du bâtiment pour avoir une vue sur la Chambre des Représentants. Nous traversâmes des entrées et des salles de réception dont les sols étaient en « mosaïque de pierre », ressemblant selon toute apparence à de beaux tapis. Le plafond était soutenu par des piliers en marbre d'une conception et d'une finition exquises, situés juste à l'intérieur de niches dans les murs. La « Chambre des Représentants » est une salle magnifique, qui dépasse totalement mes pouvoirs de description. De là nous nous dirigeâmes vers la rotonde, et entrâmes dans l'aile gauche du bâtiment par une volée d'escaliers correspondant à ceux que nous venions de quitter, le style de finition étant le même dans tout le passage que celui menant à la Maison, en l'autre aile. Ce passage mène à la « Chambre du Sénat ». Cette pièce est quelque peu différente de celle de la Maison, mais plutôt plus simple dans son aspect général. Les piliers qui soutiennent les galeries et le plafond sont très nombreux, en marbre égyptien ou en quelque chose d'aspect similaire. Les murs et les arcs au-dessus sont recouverts de fresques d'une grande beauté et variété. Nous n'avions que peu de temps pour visiter cet endroit, et par conséquent nous n'en avons vu qu'une petite partie. J'avais compris qu'à part le Capitole, la ville était un endroit misérable. Je ne le vois pas sous cet angle. Il y a certainement beaucoup à faire – beaucoup de choses encore inachevées – mais il s'agit certainement d'un lieu plus important qu'on ne le prétend. Encore quelques années et ce sera une belle ville ; la guerre actuelle commence déjà à en témoigner. Les activités entreprises ici en menant cette guerre créent nécessairement un stimulant ; des bâtiments sont construits, des améliorations sont apportées et des hommes dotés de véritables talents en affaires sont encouragés à venir ici. Le bal est lancé, et ce lieu, dans quelques années, présentera un aspect bien différent de ce qu'il présente actuellement.

J'espérais que nous pourrions nous arrêter à Washington deux ou trois jours, mais j'ai été déçu. A onze heures, le samedi 25, nous nous formâmes en ligne, passâmes devant le Capitole, descendîmes Pennsylvania Avenue, tournâmes à droite en direction de Long Bridge, dépassâmes le Washington Monument, le laissant à notre gauche, et se mettant en ligne en face du quartier général du général Casey, à la division duquel nous étions affectés, lui lança trois applaudissements chaleureux et, à midi, passa à Long Bridge et à *Dixie* .

Le Potomac est très large et peu profond à cet endroit, sauf dans le chenal. Il a l'apparence des plaines de la côte de la mer, l'eau n'ayant qu'environ six pouces ou un pied de profondeur au moment de notre traversée, montrant un fond lisse et boueux, couvert de mauvaises herbes, etc. Après la traversée, nous avons gravi environ un mile une colline et nous sommes arrêtés dans une plaine. C'était une journée assez chaude et poussiéreuse, et un repos à cette heure nous était tout à fait acceptable. Arrêtés une demi-heure, repartis, continuâmes environ un mille plus loin, filâmes à droite, et formant notre camp sur une éminence en vue du dôme du Capitole, nous dressâmes nos tentes, samedi soir, juste à temps pour nous abriter du dôme du Capitole. la pluie qui, le lendemain (dimanche 26), commença à tomber à torrents, et continua toute la journée et la nuit.

Nous en avions vingt-deux sous notre tente dimanche soir ; deux d'entre eux dormaient immédiatement au centre de la tente, juste sous le « bonnet ». Ce « bonnet » est un morceau de tissu circulaire (particulier à la « tente Sibley ») ingénieusement conçu dans le but de ventiler ; il se déplace facilement au moyen de cordes qui pendent à l'extérieur, et l'ouverture qu'il recouvre peut être agrandie ou réduite, au gré des occupants. Il se trouve qu'il y a eu un coup de vent pendant la nuit, et le « bonnet », mal attaché, s'est envolé, et la pluie s'est abattue sur T...n et J...s, qui sont arrivés le matin plutôt tard dans la nuit. état de délabrement.

Lundi 27, l'orage s'est calmé ; à midi, le soleil s'est levé ; nous séchons nos couvertures et, mardi 28, nous remontons nos tentes dans l'ordre régulier.

Dimanche 2 novembre, nous avons reçu l'ordre de déménager. Sacs à dos emballés, et à onze heures du matin, il fit ses adieux au « Camp Chase », sortit en file indienne sur la route, tourna à droite, monta une colline et continua en direction de Fairfax. J'ai passé les bâtiments du Séminaire à midi, M. Ces bâtiments, dont on parle si souvent à propos de cette rébellion, sont construits en brique, avec une certaine prétention à la beauté dans leur architecture ; reliée au bâtiment principal se trouve une belle tour, du sommet de laquelle le pays peut être vu à plusieurs kilomètres à la ronde. Sur une éminence, et presque cachés aux regards par l'épais bosquet d'arbres qui les entourent, ils se dressent des objets d'intérêt pour tous ceux qui connaissent l'histoire de cette guerre. À six milles au nord d'ici, et en partie en vue, se trouve la capitale, d'où l'on peut discerner le cours du Potomac sur plusieurs milles, alors qu'il s'éloigne vers le sud et l'est de nous.

En quittant cet endroit, nous descendîmes une colline et passâmes le Common, qui se trouve à une courte distance au sud-est du séminaire. Ce Commun sert aujourd'hui de lieu de sépulture pour les soldats. Chaque tombe comporte une dalle de bois soignée sur laquelle est peint le nom du défunt, le régiment et la compagnie auxquels il appartenait. Continuant notre route pendant un demi-mille plus loin, nous avons grimpé à droite une colline escarpée et, à deux heures de l'après-midi, nous avons formé de nouveau notre camp et planté nos tentes au sommet, sur un espace plat directement entre deux grandes maisons. dont les propriétaires sont maintenant dans l'armée rebelle, ayant quitté ce bel emplacement pour être occupés par nos troupes, et leurs maisons pour servir d'hôpitaux, pour le confort de nos soldats malades et blessés. La route du "Fairfax Seminary" passait tout près, sur le flanc de la colline, notre camp lui faisant face vers l'est. La ville d'Alexandrie est à un mille et demi à l'est de nous, et en partie visible. La grande route d'Alexandrie à "Fairfax Court House" et Manassas passait devant notre camp, allant de l'est à l'ouest, à pas plus de cinquante mètres au sud de nous, à angle droit avec la route passant du nord et se connectant avec elle. Cette route était bordée d'ambulances, de wagons à bagages, etc., allant et venant d'Alexandrie, de Fairfax Court House et de Manassas, à proximité desquels campait alors une partie de notre armée. Le chemin de fer d'Alexandrie à Manassas se trouvait à un demi-mille au sud de nous, dans la vallée, et était parallèle à la route des charrettes sur deux milles, puis s'éloignait plus au sud, à mesure qu'il s'élevait sur les collines au-delà. Les trains circulaient nuit et jour, transportant des renforts et des provisions pour notre armée. Ces routes étaient bien visibles de notre camp sur trois ou quatre milles. Nous pouvions voir les trains partir d'Alexandrie et les observer poursuivre leur voyage loin à l'ouest de nous. L'espace plat au sommet de cette colline couvre une superficie d'environ six ou sept acres, de forme irrégulière. Nos tentes étaient dressées sur la pointe sud, et celles d'un autre régiment sur la partie nord de l'espace, à une altitude d'environ deux cents pieds au-dessus du niveau du Potomac, qui coule à notre vue.

De l'autre côté d'une profonde vallée au nord-ouest, et peut-être à un demi-mile de distance, se trouvait Fort Worth, et au sud de ce fort, sur la route des chariots, se trouvaient « Cloud's Mills », dont on parlait si souvent au cours de cette rébellion.

La descente de la colline, vers le sud et l'ouest, était très raide. Son côté était couvert de sources qui nous fournissaient de l'eau en abondance ; et au fond de la vallée, à l'ouest, un beau ruisseau coulait vers le sud, prenant sa source dans une source au pied de la colline, au sud des bâtiments du séminaire. Le séminaire, Fort Worth et notre camp étaient tous à peu près sur la même élévation, formant la moitié d'un cercle : le séminaire au nord, notre camp au sud-est et Fort Worth à la pointe sud-ouest. Compte tenu de l'environnement et des associations liées à la situation, je pense que nous n'aurions pas pu choisir un endroit plus agréable ou plus intéressant pour notre camp.

Le lundi 3 novembre, le lendemain de la formation de notre camp, nous avons emballé nos musettes et avons eu notre première expérience de piquet de grève, notre compagnie et la compagnie G étant désignées à cet effet. A huit heures et demie, nous descendîmes la colline, tournâmes à droite, sur la route de Manassas ; Nous avons dépassé « Cloud's Mills » à neuf heures du matin et avons continué jusqu'à « Bailey's Cross Roads », un endroit qui nous est devenu familier à tous dans l'histoire de cette guerre. À cet endroit, nous nous arrêtâmes et fixâmes nos quartiers ; poster nos piquets le long de la route. Nous avons eu la chance d'avoir un temps agréable pendant notre mission.

Le lendemain, à onze heures du matin, la réserve se formait en ligne pour recevoir la « Nouvelle Garde », et à midi nous partions pour le camp. Nous nous sommes arrêtés à moins d'un demi-mille et avons déchargé nos pièces, qui étaient lourdement chargées de balles et de chevrotines, et à deux heures, P. M. est arrivé de nouveau au camp, ramenant deux prisonniers, qui d'ailleurs se sont révélés être des soldats loyaux. sans laissez-passer.

Notre camp s'appelait « Camp Casey, près du séminaire de Fairfax », et nous, avec trois autres régiments, étions campés à proximité les uns des autres, anciennement la première brigade de la division du général Casey, commandée par le colonel Wright, brigadier-général par intérim. Notre régiment était engagé dans des exercices de forage, des tâches de fatigue, de piquet et de garde, ce qui nous tenait occupés. Cinquante membres de notre régiment furent détachés le 7 novembre pour effectuer des tâches de fatigue à Fort Blenker , creusant, pelletant , etc. Les garçons, sortant, arrivèrent à dix heures du matin, poussés par la tempête qui faisait rage là-bas. La tempête a commencé le 6 et, à dix heures du matin, le lendemain, elle avait culminé en une tempête de neige à l'ancienne mode en Nouvelle-Angleterre. Le vent soufflait en rafale ; l'air était très froid, et la neige, tourbillonnant autour de nous, rendait notre situation très inconfortable, surtout pour ceux qui étaient de garde et exposés à sa fureur. B. était le seul de DH à monter la garde, à l'exception de WS, qui s'est porté volontaire pour prendre la place d'un autre homme pour 1,25 $. Je pense qu'il a gagné son argent.

CHAPITRE II.

La tempête de neige du 7 novembre s'est abattue sur nous de manière tout à fait inattendue, nous faisant penser que nous avions voyagé dans la mauvaise direction et qu'au lieu d'être à "Dixie", nous nous étions approchés du pôle nord et en étions déjà à proximité immédiate. Il y avait quelques visages ironiques dans le camp, même si la plupart semblaient amusés par cet événement inattendu, plaisantant entre eux à l'idée de faire des boules de neige en Virginie avant que les habitants du Rhode Island n'aient pu obtenir le matériel nécessaire - « s'enrôler sous de faux prétextes », etc.

Du 8 au 12 novembre, rien d'inhabituel ne s'est produit, notre temps étant occupé à l'exercice militaire et à d'autres tâches nécessaires liées à la vie du camp. Le 13 novembre, tout le régiment reçut l'ordre d'être prêt le lendemain matin, pour le piquet, avec des rations pour deux jours. L'aspect du ciel, la nuit du 12, était menaçant, nous faisant déjà sentir, en imagination, les inconforts de ce devoir dans une tempête, sans autre abri que la large voûte du ciel, à l'exception peut-être d'un dérisoire un buisson, offrant en effet peu de protection contre la tempête impitoyable.

Le matin du 13 arriva ; le roulement des tambours à six heures réveilla bien des soldats somnolents du Douzième de son humble couche et interrompit bien des rêves agréables de leur foyer pour les éveiller à la dure réalité d'autres devoirs et associations. Il a en effet plu pendant la nuit, ce qui s'est avéré bénéfique pour nous, il a plu juste assez pour déposer la poussière. La matinée s'est levée sur nous avec l'assurance d'une journée agréable. Le cœur joyeux et les mains bienveillantes, nous avons commencé nos préparatifs. Nous prenions le petit déjeuner à l'heure habituelle, sept heures et demie, remplissions nos musettes de bœuf et de craquelins durs, nos gourdes d'eau, attachions nos couvertures autour de nous, attachions nos équipements , et à huit heures, nous nous mettions en ligne dans le Company Street, et à huit heures et demie, les différentes compagnies passèrent devant le quartier général du général Wright. Le régiment était formé pour "monter la garde", directement devant sa résidence, effectuait les manœuvres , écoutait la musique de la fanfare de la brigade (qui d'ailleurs parlait finement) et au quartier à neuf heures, nous nous sommes rangés sur la route et avons pris la direction de Fairfax Court House, et nous étions en bonne voie. Tout était favorable ; une brise fraîche du nord-ouest, ajoutant à notre confort, pendant que nous « marchions ». Nous étions accompagnés de presque tous nos officiers, quelques-uns étant restés sur place, comme c'est l'usage, pour protéger notre camp. Après avoir dépassé Cloud's Mills et gravi la colline au-delà, nous nous arrêtâmes et le régiment fut divisé en groupes de 108 soldats, chaque division devant être commandée par ses officiers respectifs. Ces divisions sont appelées « supports » et numérotées premier, deuxième, troisième, etc.

Aussitôt notre « soutien » formé, nous avons continué notre marche. Nous avons dépassé la route menant à Bailey's Cross Roads, sommes restés sur la route directe menant à Fairfa x Court House, pendant environ un mile au-delà de ce virage, puis avons tourné à gauche, sommes entrés dans les bois, avons suivi un chemin de charrette pendant environ un demi-mile, et à onze heures du matin, nous nous trouvions au terme de notre voyage. Il y avait beaucoup de bons abris où nous devions camper, déjà érigés par ceux qui étaient là avant nous, et volontiers libérés par le vingt-septième New Jersey, qui vint nous recevoir à notre arrivée. Notre « soutien » fut aussitôt divisé en trois « relèves », de 36 hommes chacun. Chaque « relève » devait rester en poste quatre heures, le premier étant ensuite relevé par le second, etc., donnant à chaque « relève » huit heures de repos au rendez-vous général. Les « reliefs » étaient disposés en deux rangs et numérotés selon leur position, de droite à gauche, chacun se souvenant du numéro qui lui était attribué et, lorsqu'il y était invité, se plaçait dans les rangs en conséquence. Je me suis retrouvé dans le premier « secours », le numéro 21, armé et équipé comme l'exige la loi.

Dès que notre « relève » fut formée, nous partîmes vers nos postes, retournâmes à pied vers la route que nous venions de quitter, continuâmes un demi-mille plus loin et arrivâmes au poste n° 1. Ce poste était sur la route principale, et à proximité, les ruines de ce qui était autrefois un grand bâtiment, détruit probablement depuis le début de la guerre, et il ne reste plus qu'un amas de briques et de pierres. Après avoir relevé ce poste, nous avons quitté la route, qui ici s'étend presque à l'est et à l'ouest, et avons traversé les champs vers le sud, pour nous diriger vers le poste n° 2.

Les poteaux étaient peut-être espacés de trente bâtons ; trois hommes étant stationnés sur chaque poste, et un sergent ou caporal, responsable de tous les trois postes. Les trois premiers hommes, tels que numérotés dans les rangs avant de partir du rendez-vous, prendront le premier poste, les trois suivants le second, etc. Les ordres étaient qu'un homme restait au poste, tandis que les deux autres devaient se déplacer vers et depuis le poste, dans des directions opposées, sur une certaine distance, ou peut-être plus loin, de temps en temps, si la sentinelle des postes adjacents ne parvenait pas à le faire. retrouvez-le à la fin de son parcours, maintenant ainsi la communication tout au long de la ligne. Les hommes devaient avoir leurs pièces chargées et leurs baïonnettes fixées, avec des instructions particulières pour être sur leurs gardes, ne pas faire de feu, n'allumer aucune allumette, ne pas fumer et ne pas se livrer à une conversation bruyante.

La ligne de piquets s'étendait presque vers le nord et le sud, le premier « soutien » se trouvant à droite de la ligne, commençait à proximité de Bailey's Cross Roads et se connectait au deuxième « soutien », au poste n° 1. La ligne de notre "support" allait de la route principale, vers la voie ferrée, la distance entre les deux, à cet endroit, étant peut-être d'un mille et demi, notre "support" atteignant les deux tiers du chemin jusqu'à la voie ferrée, là pour relier avec le troisième, et ainsi de suite jusqu'au dernier « appui », notre régiment gardant une ligne de plusieurs milles de longueur. Notre chemin traversait des espaces plats, montait et descendait des collines escarpées comme le toit d'une maison, longeait des collines où il fallait le plus grand soin pour préserver notre équilibre, traversait des fourrés enchevêtrés de buissons et de ronces, et franchissait tous les obstacles imaginables en forme de souche, pierre, tourbière, etc. L'endroit qui m'échut, pour aider à la garde pendant les quarante-huit heures suivantes, était le poste n° 7, juste à la lisière d'un bosquet de petits arbres à feuilles persistantes, sur le flanc d'une colline, surplombant ce qui devait être autrefois un grande ferme, située dans une vallée s'ouvrant au sud, et entourée sur trois côtés de bois. Notre poste était du côté est de cette clairière ; la colline du côté opposé, s'élevant à peu près à la même hauteur, était couverte d'une épaisse végétation de bois, offrant un bon abri aux tireurs d'élite, s'ils s'étaient trouvés dans le voisinage et avaient été disposés à nous ennuyer. La distance à travers cette clairière est d'environ un tiers de mille, une bonne distance pour l'entraînement au fusil.

Cette clairière mesurait peut-être cinquante mètres de largeur et près d'un tiers de mille de longueur, limitée au nord par un marécage et s'ouvrant au sud sur une vaste plaine de tourbières, avec çà et là un bouquet d'arbres rabougris ou de tourbières. des buissons. Un assez grand ruisseau sort de ce marais et parcourt toute la longueur de la ferme, se jetant dans un plus grand, qui se jette dans le Potomac, le long de la vallée que traverse le chemin de fer d'Alexandrie à Manassas. Les ruines d'une grande ferme se trouvaient dans la vallée à notre gauche. Je n'oublierai pas une description du « battement » sur lequel votre humble serviteur veillait et surveillait, jusqu'à ce que chaque pied de terrain lui devienne familier. Le chemin longeant cette clairière avait été récemment creusé, sans trop se soucier de la commodité du voyage ni du risque de mort ou de membre, les souches dépassant invariablement de trois à six pouces du sol, exigeant le plus grand soin de notre part, surtout dans la nuit, ou le privilège d'essayer, si nous le voulions, la netteté de ces talons, sur diverses parties de notre corps, ou la dureté de nos têtes contre les arbres du bord du chemin, expériences de trébuchement et de plongée peu susceptibles de trouver grâce avec votre humble serviteur.

Nous avons eu beaucoup de chance d'avoir à nouveau un temps agréable pour cette mission. Nous avons pris notre poste à midi, détaché nos couvertures, nos musettes et nos gourdes et chargé nos affaires. Nous fûmes relevés à quatre heures et arrivâmes au rendez-vous à temps pour préparer notre café avant la nuit, dîner, étendre nos couvertures et nous coucher.

Nous dormîmes profondément, et à minuit, lorsque nous fûmes de nouveau appelés, nous marchâmes vers nos postes pour y rester jusqu'à quatre heures. La nuit était chaude et agréable ; la lune commençait à peine à se lever au moment où nous prenions nos postes, ce qui rendait notre devoir beaucoup plus facile ; nos quatre heures passèrent vite, nous fûmes de nouveau relevés, et à quatre heures et demie nous étions de nouveau au rendez-vous. Nous avions prévu de faire une autre sieste avant le petit-déjeuner et nous nous préparions à nous coucher lorsqu'on nous a ordonné de faire la queue et de rester debout jusqu'au lever du soleil. Notre colonel le représenta comme nécessaire pour se prémunir contre la surprise ; comme l'ennemi fait habituellement des attaques à cette heure-là - une vigilance très louable, dans le voisinage de l'ennemi, mais comme notre piquet n'avait d'importance que comme garde pour intercepter les déserteurs et les retardataires de notre armée en face, nous, avec notre les yeux endormis, je ne voyais pas l' *intérêt* . Beaucoup d'hommes, sans beaucoup de déférence pour l'opinion de notre brave colonel, trouvèrent cela tout simplement ridicule ; certains juraient, d'autres riaient et plaisantaient. Je n'ai pas regretté d'avoir perdu ma sieste, car j'ai été largement récompensé en écoutant les bons mots de la fête. Le matin se leva enfin et nous fûmes soulagés. Nous avons rallumé nos feux, préparé notre café et, après le petit-déjeuner, certains d'entre nous se sont endormis ; d'autres jouaient aux cartes, ou s'amusaient à leur guise, jusqu'à midi, lorsque nous reprenâmes nos postes. Le temps a continué à être beau et nous avons passé le temps agréablement.

Une autre nuit passa ; une autre journée agréable s'ouvrit sur nous, sans rien de remarquable en rapport avec nos fonctions, à l'exception de la visite du général Casey, qui parcourut la ligne, accompagné de son état-major, pour une tournée d'inspection. A onze heures du matin, le 15, nous nous formâmes en ligne pour recevoir la nouvelle garde, et à midi notre dernière relève était arrivée, et nous partîmes pour le camp. Nous y sommes arrivés vers deux heures de l'après-midi, tous de bonne humeur ; nous avons trouvé notre dîner composé de soupe et de café chaud, auquel nous avons immédiatement rendu hommage.

Le lendemain matin, dimanche 16, nous nettoyâmes nos fusils, brossâmes nos vêtements, et à onze heures du matin, assistâmes au service divin, l'aumônier prêchant sur les marches du bâtiment qui jouxte notre camp au nord, le régiment se formant le la pelouse devant. Ce bâtiment est très grand, et est maintenant utilisé par le colonel, qui y établit ses quartiers, la poste, l'hôpital et l'intendance étant compris dans le même bâtiment ; donnant à notre terrain et à notre personnel beaucoup d'espace et de bons logements.

Le lundi 17 ne fut pas aussi agréable ; un vent assez fort du sud-ouest, nuageux et brumeux, rendant les opérations de forage assez difficiles. Le mardi 18 fut un modèle complet du 17 ; un épais brouillard, juste assez pour que ce soit désagréable ; cependant, ils furent entraînés toute la journée et, lors du défilé vestimentaire, ils reçurent l'ordre d'être prêts le lendemain matin à marcher vers Fort Albany, pour être examinés par le général Casey.

Le vent a continué à souffler fort du sud toute la nuit, et le lendemain matin, les nuages noirs et lourds qui s'amoncelaient montraient certains signes d'une journée humide. A huit heures, la compagnie se forme dans la rue, se dirige vers la place d'armes ; le régiment fut formé, et à huit heures et demie il prit la route et se mit en route. Arrêt en face du quartier général du général Wright pour que les autres régiments prennent place en ligne, il s'agit d'une revue de toute la brigade.

À neuf heures moins le quart, le Cinquième Connecticut arrivait en tête, le Treizième New Hampshire se formait à l'arrière, et nous partions. Après avoir parcouru deux milles, l'ordre fut annulé, et nous nous hâtâmes de rentrer juste à temps pour échapper à une pluie torrentielle, qui tomba à torrents immédiatement après notre arrivée au camp. Le gouvernement nous ayant fourni des poêles et beaucoup de bois, nous gardâmes nos tentes et nous arrangeâmes pour nous installer confortablement.

Le lendemain, le 21, c'est à nouveau notre tour de faire le piquet de grève. L'un des régiments appartenant à notre brigade, le vingt-septième New Jersey, nous ayant été enlevé, notre tour arriva deux jours plus tôt que nous ne l'avions prévu, alors qu'auparavant. Il a continué à pleuvoir tout l'après-midi, et vers la nuit le vent, qui soufflait du sud, est passé au nord-est, bien contre notre gré ; et il a continué à pleuvoir toute la nuit. Le matin, nous constatâmes que le vent soufflait au nord, que la pluie avait presque cessé, et qu'à huit heures notre régiment était en ligne ; et à huit heures et demie ils étaient en marche. À onze heures du matin, le ciel était dégagé et les douzièmes volontaires du Rhode Island bénéficiaient à nouveau d'un temps agréable. Alors que les autres régiments de notre brigade devaient faire face à des tempêtes et à des conditions météorologiques désagréables, pendant ce service de piquetage, le douzième s'est jusqu'à présent échappé. Ayant quelque travail à faire, je m'arrêtai cette fois au camp et n'accompagnai pas le régiment. Samedi 22, il faisait très chaud et agréable ; mais le dimanche 23, le ciel était partiellement couvert de nuages, l'air était humide et froid, et le vent soufflait un coup de vent du nord-ouest.

A deux heures, après-midi, notre régiment arriva, tous de bonne humeur, mais heureux d'entrer au camp. Lundi 24, nous avons encore eu une agréable journée et de bons forages. La boue avait séché, le sol était devenu dur, il n'y avait plus de poussière soufflée, et les hommes étaient de bonne humeur et s'amélioraient rapidement dans l'exercice et la discipline nécessaires pour devenir soldat.

Le 12e continuait encore à être en remarquable bonne santé, comparé aux autres régiments campés autour de nous. Le Treizième New Hampshire et le Cinquième Connecticut, venus ici en même temps que nous, avaient déjà perdu plusieurs hommes depuis qu'ils campaient ici, et en avaient alors un bon nombre de malades à l'hôpital. Notre tarif est resté bon ; nous avions du pain excellent et en abondance. Il était cuit à Alexandrie et nous le recevions frais et souvent tiède à la sortie du four. Nous mangions de temps en temps des crackers durs, peut-être deux fois par semaine, à la place du pain moelleux. Le pain dur que nous avions ici était complètement différent de ce à quoi je m'attendais. Il semblait être fait du meilleur des matériaux. Notre bœuf salé était gras, de bonne qualité et, une fois bien cuit, il était aussi bon que nous pouvions le souhaiter. On le guérit différemment de ce qu'on fait à la maison, car on utilise beaucoup de salpêtre pour le guérir ; exigeant beaucoup de peine de la part des cuisiniers, afin de le rendre agréable au goût. Nous mangions du bœuf frais deux fois par semaine ; cela a été transformé en soupes. Notre entreprise a finalement acheté une grande poêle en tôle, longue de six pieds et large de deux pieds, pour nous servir de poêle à frire, et après cela nous avons fait frire du bœuf une ou deux fois par semaine. Nous prenions du thé ou du café deux fois par jour (avec notre petit-déjeuner et notre dîner) avec beaucoup de sucre pour l'accompagner. Nous avions du riz, du sirop de sucre, de la soupe aux haricots, etc. Quiconque trouverait à redire à notre tarif à cette époque serait susceptible d'être insatisfait, où qu'il soit placé.

Le mardi 25 était une journée nuageuse et brumeuse, et dans la nuit il a plu assez fort. Mercredi matin, tout s'est dégagé à temps pour que nous puissions forer. Il avait plu juste assez pour ramollir l'argile, la boue étant peu profonde et glissante comme de la graisse – une particularité dans la boue d'ici. Vous pouvez apprécier ce genre de voyage en étalant du saindoux d'un pouce d'épaisseur sur une planche, puis en essayant de marcher dessus. L'un des avantages de ce type de sol est qu'en séchant, il devient aussi dur qu'un sol en ciment, ce qui nous a facilité la tâche plutôt que de nous vautrer dans le sable. Le temps restait agréable, aucune poussière ne soufflait partout et dans tout ; le terrain était dur, dans les meilleures conditions pour le forage, et notre régiment l'a amélioré.

Le 27 était le jour de Thanksgiving au Rhode Island, et nous l'avons également dûment observé au camp. Nous étions relevés de l'exercice, assistions au service divin à onze heures du matin et avions un peu de récréation en nous promenant dans le pays, etc. Nos sacs de lit nous furent alors distribués, avec beaucoup de paille propre pour les remplir. (Ces sacs étaient faits de gros coutil et mesuraient peut-être sept pieds de long sur cinq pieds de large après avoir été remplis ; chacun d'eux était suffisamment grand pour que deux personnes puissent s'y coucher.) Le régiment était tous pourvu de ces sacs. , et était resté assez longtemps sur le sol pour savoir les apprécier. Le 27 fut une belle journée, et n'étant jamais allé à Alexandrie, j'en profitai pour visiter les lieux. J'ai obtenu un laissez-passer et, en compagnie d'un de nos mess, à huit heures du matin, j'ai commencé. Nous avons atteint une « ligne d'abeille » directement vers l'endroit ; Nous avons traversé la route menant du séminaire de Fairfax et avons continué, en montant et en descendant, notre chemin étant parallèle à la route des chariots d'Alexandria et de Manassas, et juste au nord de celle-ci. J'ai découvert que j'avais sous-estimé la distance entre notre camp et Alexandrie, qui se trouvait à près de deux milles et demi de notre camp. Nous dépassâmes le camp de convalescence, qui était situé sur les hauteurs à l'ouest d'Alexandrie et au nord du fort Ellsworth, sur la même éminence et dans le voisinage immédiat de celle-ci. Il servait de rendez-vous aux soldats convalescents. A proximité de ce camp se trouvaient le camp des retardataires et le camp de recrutement, etc. ; faisant, au total, une immense collection de tentes et d'occupants.

En suivant la route qui partait de ce camp vers l'est, nous arrivâmes à Alexandrie ; la distance était peut-être d'un demi-mile ; la descente est aussi raide que le toit d'une maison. Des hauteurs que nous venions de quitter, nous avions une vue splendide sur la campagne à des kilomètres à la ronde. La ville de Washington, au nord de nous, était bien en vue, le Capitole se profilant au loin. Le séminaire de Fairfax était à deux milles au nord-ouest de nous, de la tour de laquelle les rebelles observaient nos mouvements et les signalaient à l'ennemi, tout en faisant notre première avancée et notre retraite sans gloire depuis Bull Run, en 1861. La ville de Alexandrie était à une courte distance à l'est, et peut-être à cent pieds en dessous de nous. Nous avions également une bonne vue sur le Potomac depuis cette hauteur. Aquia Creek étant la base des opérations de Burnside en Virginie, ce noble ruisseau était couvert de navires de toutes tailles et de toutes sortes, faisant la navette entre Aquia Creek, Alexandria et Washington. Je m'arrêtai à Alexandrie jusqu'à deux heures et demie, après-midi ; Je suis descendu sur les quais, j'ai visité les Esclaves Pens, autrefois utilisées comme lieu de rendez-vous où les esclaves étaient achetés et vendus, mais au moment de ma visite, utilisées comme lieu de détention pour les déserteurs et autres qui pouvaient être trouvés sans laissez-passer, par le police. J'ai également visité la Marshall House, où Ellsworth a été tué ; et je suis parti de là pour le camp.

Je suis arrivé à temps pour assister aux funérailles d'un de nos garçons décédé à l'hôpital la veille. C'était le premier décès survenu dans notre régiment depuis notre arrivée à Washington, et le troisième depuis l'organisation du régiment ; les deux autres étant tués, le premier, le batteur de la compagnie D, de Newport, dans une bagarre à Camp Stevens, le second de la compagnie

C, sur les voitures, entre Harrisburg et Baltimore. Il n'y avait plus que quelques membres de notre régiment à l'hôpital, et aucun d'entre eux n'était dangereusement malade.

Le samedi 29 fut une journée agréable ; la nuit était calme et froide. Dimanche matin, le 30, nous trouvâmes le sol légèrement gelé et la glace dans les bacs autour du camp avait un demi-pouce d'épaisseur. Le temps restait beau pour l'instant. Nous avions ici de belles matinées, l'air était calme et tout semblait délicieux. La fumée des nombreux feux de camp rendait l'atmosphère brumeuse, rappelant notre été indien en Nouvelle-Angleterre.

CHAPITRE III.

Le 1er décembre, nous avions l'ordre de marcher immédiatement, et à midi notre brigade était en mouvement. Nous avons traversé Washington juste à la tombée de la nuit, sur le pont qui traverse le bras est du Potomac, et avons campé à environ deux milles au-delà de la ville pour la nuit. Dans la matinée, nous avons continué notre voyage le long du côté Maryland du Potomac, et ainsi de suite, de jour en jour, jusqu'à notre arrivée en face d' Aquia Creek, le 6 instant.

Nous avons eu du beau temps jusqu'au vendredi 5, quand il a commencé à pleuvoir, et la nuit se transformant en neige, cela a rendu notre campement extrêmement désagréable. Nous pensions avoir atteint le Potomac vendredi soir, mais la pluie adoucissant la route rendit notre marche extrêmement difficile et fastidieuse, et à trois heures nous nous tournâmes dans les bois complètement blasés, et commençâmes à planter nos tentes et à nous rendre comme aussi confortable que possible, compte tenu des circonstances. Je pouvais en effet apprécier les inconforts de notre situation. J'ai eu la chance de trouver des poteaux dans les bois, déjà coupés, et avec l'aide des garçons, j'ai construit un hangar et je l'ai recouvert de nos tentes, avec l'ajout d'un lot de balles sèches, achetées dans une grange voisine pour nos lits, ont réussi à passer la nuit assez confortablement. Il a cessé de neiger tôt dans la nuit, et à dix heures du matin, le lendemain matin, nous étions de nouveau en marche. C'était une matinée délicieuse ; la boue s'était formée en croûte, nous soutenant pendant notre marche, et le soleil brillant donnait aux conifères du bord de la route, couverts de neige, une belle apparence. À midi, nous étions sur les rives du Potomac, avec le reste de notre brigade, attendant notre tour d'être transportés à Aquia Creek. Cela arriva enfin, et à cinq heures du soir, nous étions à bord du bateau et en route. À sept heures, nous étions au quai, et à huit heures, nous descendions du bateau et nous faisions la queue sur le quai, attendant les ordres. C'était une nuit amère et froide, et beaucoup d'impatience se manifestait tant chez les officiers que chez les soldats, d'être obligés d'attendre si longtemps dans cet endroit avant de se rendre à notre terrain de camping. A neuf heures et demie, nous reçumes enfin l'ordre de partir. Nous avons dépassé le chemin de fer d' Aquia à Fredericksburg environ deux milles, nous avons filé vers la gauche, avons continué à partir de la route sur environ un tiers de mille, et après un autre retard d'une demi-heure peut-être, notre colonel a choisi notre camp, et nous nous sommes formés sur ça, pour passer une autre nuit désagréable. L'endroit choisi était dans les bois, à flanc de colline. Le gros bois avait été coupé et la plus grande partie enlevée, mais toutes les cimes et quelques-unes des plus grosses bûches étaient restées, toutes recouvertes de la neige tombée la nuit précédente. Tout étant mouillé, il fallut un certain temps avant que nous puissions allumer nos feux. Mais on ne put guère dormir cette nuit-là ; le plus inconfortable que les volontaires du douzième Rhode Island aient connu. L'endroit que nous avons baptisé Camp Smoke, un nom tout à fait approprié pour cet endroit. La première nuit et le lendemain, il nous fut impossible d'échapper à la fumée de nos nombreux incendies, dont la moitié passait dans nos yeux et dans notre gorge. Nous passions autour de nos feux, la fumée suivant nos pans de manteau à mesure que nous avancions, et s'attachant à nous dès que nous nous arrêtions ; il était impossible d'y échapper. Nous nous sommes arrêtés à cet endroit jusqu'au mardi 9 au matin, date à laquelle la brigade a repris sa ligne de marche . Nous sommes arrivés en face de Fredericksburg le mercredi 10 et avons campé pour la nuit le long du Septième Rhode Island.

Les canons de signalisation, annonciateurs de la bataille à venir, furent tirés pour la première fois à cinq heures du matin le lendemain matin, et à intervalles jusqu'au lever du soleil, lorsqu'une canonnade féroce commença sur toute la ligne devant la ville. À neuf heures du matin, nous avons reçu vingt cartouches supplémentaires, trois rations quotidiennes, nous avons jeté nos sacs à dos et nos bagages supplémentaires en tas, avons jeté nos couvertures sur nos épaules et nous sommes approchés à moins de trois quarts de mille de la ville. en ligne de bataille, et reposés sur nos bras, prêts à faire face à l'urgence.

En essayant de renverser les ponts flottants, nos forces se sont heurtées à une résistance déterminée et ont été obligées de bombarder la ville pour déloger l'ennemi. Convaincus de l'impossibilité de traverser la rivière ce jour-là, en fin d'après-midi nous retournâmes au camp. Tôt dans la soirée, la canonnade, qui avait continué toute la journée, cessa ; et deux ou trois régiments traversant en bateaux, après un violent combat dans les rues de la ville, réussirent enfin à déloger l'ennemi, et les ponts furent achevés. Le lendemain, de grand matin, les différentes brigades commencèrent à traverser la rivière et à occuper la ville, la nôtre parmi les autres.

Les rues principales de cette ville sont parallèles au fleuve. Nous avons pris position en face du pont flottant, au fond de la deuxième rue. Cette partie de la ville a beaucoup souffert lors du bombardement de la place la veille, car les tirs des différentes batteries étaient dirigés dans ce voisinage, afin de démolir les bâtiments occupés par les tireurs d'élite ennemis, qui tiraient sur notre troupes, ce qui rendit nécessaire de les déloger pour achever le pont. Nous avons reçu le feu de l'ennemi alors que nous entrions dans la ville, ses obus éclatant autour de nous, mais ne nous faisant heureusement aucun mal. Ils ont continué à tirer toute la journée, lançant occasionnellement des obus alors qu'un régiment s'approchait pour entrer dans la ville. De leurs batteries, ils avaient une bonne vue sur la rive opposée de la rivière et pouvaient voir chaque régiment, un par un, s'approcher du pont. Il y a eu de nombreuses victimes dans la journée, dans la ville, à cause des éclats des obus ennemis.

Ils auraient pu nous faire un dommage infini ce jour-là, s'ils s'étaient sentis disposés à diriger leur feu sur la ville. Notre position, dans la matinée, était directement à portée des batteries ennemies, qui tiraient sur les troupes qui traversaient le pont.

De l'endroit où je me trouvais dans les rangs, je pouvais voir deux rebelles défunts, tués la veille, pendant que nos batteries bombardaient la ville. J'ai pris la liberté de m'approcher et de regarder celui le plus proche de moi. Un obus l'avait touché à la tête, en coupant complètement le dessus, ne laissant rien au-dessus des yeux ; le tuant bien sûr instantanément.

De cet endroit, j'ai continué dans une autre rue, pour voir un groupe de cadavres. Ils étaient seize, tous appartenant à un régiment du Massachusetts, et tombés la nuit précédente, alors qu'ils étaient occupés à déloger l'ennemi. Ils furent disposés en rangée et enterrés près de l'endroit où ils étaient tombés. Je ne pouvais m'empêcher de penser, en contemplant cette scène lugubre, aux êtres chers à la maison, qui attendaient, veillaient et priaient pour le retour sain et sauf de ces pauvres hommes qui, sous la dispensation d'une mystérieuse Providence, n'avaient jamais on pouvait en voir davantage sur terre.

Je me détournai de ce triste spectacle pour connaître d'autres aspects de cette guerre cruelle. J'avais parcouru plusieurs rues, lorsque le feu rapide de l'ennemi m'avertit de regagner mon régiment. Les obus éclataient tout autour de nous, et à mon retour je trouvai le régiment déjà en ligne, et peu après nous nous déplaçâmes et priâmes une position dans une situation moins exposée, où nous restâmes toute la nuit. Je suis allé dans une maison voisine, j'ai trouvé des planches, je suis retourné dans la rue, où on nous a ordonné de rester, j'ai placé une extrémité de ces planches sur le trottoir, l'autre extrémité reposait au milieu de la rue, et j'ai trouvé de la paille dans le voisinage, j'ai fait mon lit dessus et « m'a couché pour dormir ».

Tôt le matin, les différents régiments étaient tous en alerte, se préparant pour la bataille à venir. Les différentes compagnies de notre régiment étaient alignées, nos musettes étaient remplies de rations pour trois jours, composées de crackers, de porc, de sucre et de café, nos gourdes avec de l'eau, et en nous déplaçant quelques demi-miles plus loin dans la ville, nous nous reposâmes. sur nos bras, prêts à prendre le rôle qui nous est assigné. Pendant que nous étions dans cet endroit, nous étions quelque peu à l'abri des obus ennemis, qui étaient lancés à différents intervalles, plusieurs d'entre eux tombant et éclatant dans la rivière, directement devant nous, provoquant beaucoup d'esquives et de torsions dans les différents régiments.

Il y avait un espace juste en face de notre position, sur lequel il n'y avait aucun bâtiment, près de la rivière. Cet espace était occupé en début de matinée par la brigade irlandaise, et je vis pour la première fois Thomas F. Meagher, le général commandant cette brigade, bien connu comme le patriote irlandais et général combattant. Cette brigade fut appelée au combat dès le début de la journée et se dirigea immédiatement vers le front. C'était vers dix heures du matin.

Le grondement du canon et le craquement aigu de la mousqueterie nous apprirent bientôt que « le bal était ouvert », et à midi, M. nous fut appelé. Notre ligne s'est rapidement formée et nous sommes passés à autre chose. En tournant vers la gauche, nous avons gravi une colline escarpée sur le « double rapide », et sommes bientôt arrivés en vue et à portée des canons ennemis, qui les ont immédiatement amenés à nous attaquer. Les tirs devenant trop chauds pour nous, nous fûmes mis en rang et sommés de nous coucher près du sol. Nous descendîmes donc dans la boue, et les tirs cessèrent en partie. Nous nous levâmes de nouveau et nous précipitâmes en avant, l'artillerie se jetant sur nous avec plus de fureur que jamais. Ayant gagné une tranchée, à une courte distance en avant, nous nous arrêtâmes de nouveau et formâmes à nouveau notre ligne. Étant partiellement à l'abri du feu ennemi, nous nous arrêtâmes le temps de reprendre notre souffle, puis jetons nos couvertures, longeons la berge et continuons notre marche en toute hâte. À une vingtaine de mètres en avant de cette tranchée, le chemin de fer de Fredericksburg à Richmond passe, faisant une entaille d'une vingtaine de pieds de profondeur. Espérant y trouver un abri contre le feu ennemi, nous nous précipitâmes en avant. En arrivant sur la berge, d'un seul ressort, j'ai labouré jusqu'au fond. J'avais espéré trouver ici un autre moment de respiration, mais j'ai été déçu, car l'ennemi avait une batterie en position à partir de laquelle ils lançaient des balles et des obus sur toute la longueur de cette coupe, et c'est ici que nous avons été pour la première fois sous le feu. de leur mousqueterie. Nous avons reçu l'ordre de gagner la rive opposée le plus tôt possible. La montée était très raide, et étant essoufflés, il nous a fallu beaucoup d'efforts pour atteindre le sommet. De ma vie, je n'ai jamais lutté autant que je l'ai fait pour accéder au sommet de cette banque. La distance de cet endroit à la position que nous allions gagner était peut-être de quarante verges. Et cela sous un feu torride de mousqueterie et d'artillerie, à courte portée. Nous nous sommes dépêchés aussi vite que possible, sachant que ce n'était pas un endroit pour faire de longs arrêts. Notre régiment était alors partiellement disloqué, chacun connaissant le danger, s'efforçait d'y échapper ; et par un « double rapide », qui à ce moment était devenu une course, nous gagnions rapidement la position déjà occupée par le reste de notre brigade, qui était en partie à l'abri du feu de l'ennemi.

Le bruit du canon, le cri de l'obus, son explosion au milieu de nous, le craquement aigu de la mousqueterie et le sifflement de la balle Minnie (les différents missiles labourant et fendant le sol devant nous), fournissaient épreuve terrible par laquelle le Douzième était appelé à passer.

Nous nous hâtâmes ainsi jusqu'à ce que nous obtenions la position qui nous était assignée. Ici, une butte parallèle à nos lignes et légèrement élevée au-dessus de la surface de la plaine s'interposait entre nous et l'ennemi. Cela nous offrit une certaine protection, et ici, à moins de deux cents mètres de la redoute ennemie, nos forces s'arrêtèrent, et ce ne fut qu'après notre arrivée ici que nous pûmes porter nos mousquets sur l'ennemi. Notre régiment fut engagé dans cette action avec de nombreux désavantages. On se souvient que jusqu'à cette époque, nous n'avions été en service que huit semaines, avions voyagé depuis Rhode Island, avions établi deux camps différents en Virginie et venions de terminer une marche de cent milles. Fatigués et épuisés par notre longue et fatigante marche, et avant même d'avoir eu le temps de former notre camp, ou d'obtenir quoi que ce soit à manger, à part les « rations de marche » (biscuits durs et porc salé) dont nous avions subsisté pendant la Deux semaines auparavant, et malgré notre inexpérience sur la manière de faire nos compliments à l'ennemi, nous fûmes invités à traverser le Rappahannock et présentés à l'ennemi. Dès le premier départ, au moment de passer à l'action, nous gravissons une colline où escalader des échelles nous aurait été un avantage. Puis a suivi un exploit consistant à sauter une clôture, à passer des granges, des fours à briques, etc. A travers ces exercices de gymnastique, nous étions dirigés par notre colonel, habilement secondé par notre vaillant major. Le régiment franchit ces obstacles en bon ordre, et, sous un feu nourri, atteint la première tranchée, où la ligne se reforme. Ici, notre vaillant major reçut malheureusement une blessure grave, fut placé sur une civière et transporté à l'arrière. Cela a jeté tout le commandement sur notre colonel, qui, sans aide, a trouvé extrêmement difficile de mettre le régiment en action d'une manière adaptée aux idées de certains de nos frères militaires, qui se sentaient disposés à nous critiquer . Cette classe de guerriers, avec une connaissance des tactiques militaires qui leur permettrait à peine, lorsqu'ils étaient sur quatre rangs, de défiler à droite et à gauche sans commettre de faute, dans leurs critiques, ils montrèrent peu de jugement et beaucoup d'injustice envers un régiment courageux et loyal.

Nous gardâmes notre position jusqu'à la tombée de la nuit, puis, après avoir épuisé nos munitions, nous fûmes retirés du terrain. Il faisait presque nuit lorsqu'on nous ordonna de nous mettre en rang, avec l'ordre strict de rester aussi silencieux que possible, afin de ne pas attirer l'attention de l'ennemi. Nous nous y joignîmes donc et partîmes rapidement. A l'approche de la voie ferrée, la fusillade, qui avait cessé, recommença et fit rage avec fureur. Nos troupes ayant chargé sur les ouvrages ennemis, essayèrent de les emporter à la pointe de la baïonnette, mais furent vaincues et repoussées. Comme nous étions à portée, cette charge a amené le feu de l'ennemi directement sur nous, au moment où nous passions dans la voie ferrée. Nous nous précipitâmes, nous jetâmes à terre et restâmes aussi près que possible, attendant que la tempête passe. Dès que les tirs ont ralenti, nous nous sommes levés en toute hâte et, en nous précipitant le long de la piste, nous sommes bientôt entrés dans la ville et étions hors de danger, et avons ainsi terminé une journée inoubliable dans l'histoire du douzième volontaire du Rhode Island.

Ayant autant de crainte de sortir du terrain sans couverture (ayant jeté la mienne en entrant dans le combat) que des quelques balles qui nous suivaient, je m'attardai à l'arrière et parvins à en récupérer une. J'ai trouvé un gros tas à peu de distance du dépôt ferroviaire, que notre régiment, pressé de s'enfuir, a dépassé sans le sécuriser. Ils avaient parfaitement le droit de les prendre, s'ils l'avaient choisi. Ils ont ensuite beaucoup souffert de leur manque, et je pense que s'ils se battent à nouveau dans des circonstances qui devraient les amener à jeter leurs couvertures, surtout au milieu de l'hiver, ils prendront bien soin de s'en procurer une autre lorsqu'ils reviendront. hors du terrain. Tandis que je récupérais ma couverture, le régiment passa hors de vue et d'ouïe, et sortant de la voie ferrée dans la rue, le seul que je pus trouver que je connaissais était AW, qui s'était arrêté pour reprendre son souffle, étant presque épuisé à essayer. pour suivre le régime t. Comme nous ne pouvions rien voir ni entendre du régiment, j'ai persuadé A. de m'accompagner chercher une couverture, lui aussi n'en ayant pas. Nous retournâmes ensuite à la ville, et au bout d' un moment nous trouvâmes notre régiment, au même endroit d'où nous étions partis le matin, et c'est à cet endroit que nous nous arrêtâmes pour la nuit.

Au cours de mes pérégrinations la veille de la bataille, j'ai trouvé une maison inoccupée à peu de distance de l'endroit où notre régiment a passé la nuit, et je n'aimais pas l'idée de m'allonger par terre dans la rue, après notre dure journée de travail, avec trois autres personnes avec moi. , j'ai fait pour ça. Nous trouvâmes une chambre meublée d'un lit et d'un canapé, et fermant les portes, nous nous appropriâmes ce luxe à notre usage particulier et dormîmes profondément toute la nuit.

Le matin, je suis descendu au sous-sol de la maison et j'ai trouvé un bon nombre de nos garçons occupés à cuisiner. Il y avait une grande cuisinière dans la pièce, et beaucoup de bois, et trouvant un tonneau de farine dans la maison, ils faisaient un festin. Je me suis également engagé, et en mélangeant une pâte, j'ai réussi à me préparer un bon petit déjeuner. Le régiment resta toute la journée du 14, dans la rue, au calme, et nous occupâmes la chambre où nous passâmes la nuit. Il y avait un piano dans la chambre, un grand fauteuil, à côté d'autres meubles, et nous avons passé de bons moments de "ménage" dans notre nouvel appartement.

Le matin, trouvant beaucoup d'eau et de savon, je me suis bien lavé et j'ai recommencé à m'imaginer chez moi. J'ai essayé de faire laver S.. La réponse qu'il fit fut qu'il ne devrait pas le faire avant de savoir si sa tête lui appartenait ou à « l'Oncle Sam ». J'étais assez amusé à l'idée. Il était évident qu'un peu d'eau ne ferait pas de mal à S., car il ressemblait beaucoup à un contrebandier. Nous avons passé la journée (dimanche 14) assez confortablement. La nuit, pensant qu'il valait mieux rester avec le régiment, nous nous installâmes dans le grenier d'une maison, avec le reste de notre compagnie. On nous ordonna de nous allonger sur nos bras, de nous taire et d'être prêts à agir dès le premier avertissement. Vers le matin, nos piquets eurent une escarmouche avec l'ennemi. Nous étions réveillés, mais les tirs, qui furent assez rapides pendant un moment , cessèrent et nous nous retournâmes. Le matin, nous nous sommes levés et avons eu le privilège d'avoir un autre jour de repos. Cette nuit, dès la tombée de la nuit, l'évacuation de la ville commença. Ce fait, nous l'ignorions tous à l'époque, et d'après la disposition du régiment, nous supposions que nous avions encore du combat à faire. Au crépuscule, nous nous formâmes en ligne et, dès la nuit tombée, nous descendîmes la ville en empruntant la même rue que nous avions empruntée le matin de la bataille. Nous avons gravi la même colline escarpée et nous sommes dirigés tranquillement vers le front. Cela a fait reprendre notre souffle à certains d'entre nous, en pensant à ce que nous avions déjà vécu sur le même chemin. Juste à l'intérieur de nos piquets, et à l'abri d'une légère éminence, nous nous couchâmes. Un détachement d'hommes fut formé du régiment, pour des pioches et des pelles, et à l'arrivée de celles-ci, tout le premier rang fut appelé, et se dirigeant vers le sommet de l'éminence, commença à ériger un retranchement. Nous avons appris par la suite que c'était pour tromper l'ennemi, en lui faisant croire que nous avions l'intention de tenir la position. Vers midi, les premiers rangs furent rappelés et, formant une ligne, nous nous précipitâmes de nouveau dans la ville, aussi rapidement et aussi silencieusement que possible. Dès notre entrée dans la ville, il nous apparut clairement qu'elle était en train d'être évacuée. Quand nous sommes partis, quelques heures auparavant, les rues étaient pleines de soldats, régiment après régiment, batterie après batterie ; maintenant, on ne voyait presque plus personne lorsque nous traversions les rues. Le pas précipité des hommes et des chevaux en direction des ponts flottants nous indiqua notre destination. Nous nous dépêchâmes et, le 16, à une heure du matin, nous retraversâmes le pont, remontâmes la colline et nous dirigeâmes vers notre camp, où nous déposâmes nos bagages le 12 au matin. Notre major, que je n'avais pas revu depuis le combat, apparut brusquement à notre arrivée au camp, et prenant la tête du régiment, le mit en position, donnant des ordres d'une voix forte, qui nous assura que quoique grièvement blessé, il était en convalescence rapide. Le lendemain, je revis le major. Je n'ai pas pu découvrir qu'il était blessé du tout à cause de son apparence ; Je pense qu'il s'en est remarquablement bien sorti. Depuis, j'ai remarqué à l'inspection et en présence du général de brigade qu'il boitait et paraissait tout à fait boiteux. Je ne pouvais m'empêcher de penser à notre capable major, qui endure ses souffrances sans murmurer, bien que gravement blessé, et de comparer cet esprit d'abnégation avec certains dont j'entends parler qui, bien que hautement provocants et désireux de diriger leurs hommes contre l'ennemi, étaient connus pour avoir couru hors du terrain dans un style "Le diable prend le derrière", me rappelant un passage de Shakespeare - un conseil adapté à leur cas - à savoir, -

"Enlève simplement cette peau de lion et
mets une peau de veau autour de tes membres récréatifs."

CHAPITRE IV.

Après l'action du 13, notre régiment choisit un terrain de camping à une courte distance au nord de l'endroit que nous occupions la nuit précédant l'attaque. L'endroit choisi était dans une vallée peu profonde, s'ouvrant au sud, parmi les souches d'arbres récemment coupées par les différents régiments campés dans le voisinage immédiat. Nous avons d'abord dressé nos tentes-abris, mais connaissant la nécessité d'une protection plus adéquate en cas de tempête, dès que nous nous sommes un peu remis des fatigues des quinze derniers jours, nous avons commencé à améliorer notre situation du mieux que nous pouvions. Un bon nombre de membres du régiment avaient perdu leurs tentes au cours du combat. L'intendant parvint, une dizaine de jours après, à s'en procurer quelques-uns et à les distribuer. Pourtant, un quart du régiment était sans abri. Cette classe se mit au travail et leur fit un abri de branches de pin qui, quoique de peu d'utilité en cas de tempête (qui d'ailleurs résista merveilleusement bien), furent rendus très efficaces pendant que le temps sec persistait. Ici, au camp, vous pourrez voir des styles d'architecture curieux, certains hommes démontrant une appréciation pour une maison confortable et beaucoup d'ingéniosité dans sa construction. D'autres se contentaient de n'importe quoi , ne faisant pratiquement aucun effort, ne semblant n'avoir aucune anxiété ni crainte des tempêtes auxquelles on pouvait s'attendre à tout moment et qui, si elles survenaient à ce moment-là, auraient causé une quantité infinie de souffrance parmi les gens. cette classe particulière, qui, je pense, méritait presque de ressentir des reproches, de leur rembourser le manque d'un peu d'anxiété et de prévoyance, dans une question évidemment si nécessaire à la protection de leur vie très précieuse.

J'ai eu la chance d'avoir un morceau de tente, et en compagnie de quelques-uns des garçons, qui en possédaient aussi, nous sommes allés travailler ensemble et avons mesuré un espace assez grand pour nous, creusé dans le sol peut-être dix-huit pouces, et coupant des bûches, les plaça contre la berge et les continua jusqu'à trois pieds du fond du sol. Nous avons également construit une cheminée à une extrémité de notre maison, en fabriquant notre cheminée avec des bûches étroitement ajustées et enduites d'argile, en la surmontant d'un tonneau de porc. Nous plaçâmes un faîtage dans le sens de la longueur, à une hauteur suffisante pour nous dégager la tête, et passâmes nos tentes par-dessus en les fixant sur les côtés. Certains membres de notre groupe avaient des couvertures en caoutchouc que nous avons placées dessus, et les autres recevaient les leurs ; peu de temps après, nous nous sommes sentis assez à l'abri du vent et des intempéries.

Nous avons trouvé notre cheminée très utile pour garder notre maison au chaud et au sec, et pendant que nous nous asseyions et regardions le feu, nous pouvions presque nous imaginer à nouveau chez nous. Nous avons jeté l'ancre à cet endroit mardi 16 décembre. Vendredi 19, notre régiment fut désigné pour faire le piquet, la droite de notre ligne se reposer à Falmouth, et la gauche en face de Fredericksburg, le long des rives du Rappahannock, notre quartier général étant à la De Lacey House, en face. Fredericksburg.

L'ennemi occupait les hauteurs en face de nous, à un mille en arrière de la rivière, et dressait ses piquets en face des nôtres, et en certains endroits à distance de parole. Au début, on craignit que les piquets ne soient tentés ou provoqués à se tirer les uns sur les autres. Au lieu de cela, aucune des parties ne semble encline à communiquer de cette manière, mais, au contraire, bien que cela soit strictement interdit, elles ont parfois eu une communication amicale entre elles. La distance entre notre camp et les rives du Rappahannock était peut-être de deux milles.

Nous partions régulièrement en piquet, tous les vendredis matins, et restions debout vingt-quatre heures sur vingt-quatre, puis retournions au camp. Cette tâche n'était pas très ardue, car notre régiment gardait une ligne d'au plus un mile de longueur, le long de la rivière, et disposait de réserves importantes pour repousser toute force qui pourrait tenter de passer du côté opposé. Dans la journée, aucun danger n'étant appréhendé de cette source, certains des hommes se procurèrent des laissez-passer et furent autorisés à se rendre à Falmouth, où, s'ils étaient assez chanceux pour en avoir les moyens et se sentaient ainsi disposés, ils pourraient, en payant des sommes exorbitantes. prix, obtenez de quoi rafraîchir l'homme intérieur.

Il y a un grand moulin à cet endroit, capable de produire de grandes quantités de farine et de semoule. Il y a douze séries de pierres dans le bâtiment, six pour moudre le blé et six pour le blé. J'ai visité ce moulin et, pour la première fois, j'ai été témoin des opérations de mouture, de boulonnage et de conditionnement de la farine. Il n'y avait que deux séries de pierres pour le blé, au moment où j'ai visité le moulin. Il y avait aussi deux ensembles qui broyaient du maïs. N'ayant pas vu de repas indien depuis un certain temps , j'en ai acheté un demi-bec, payant au tarif de deux dollars le boisseau. Il semblait y avoir une pénurie de provisions parmi les habitants de Falmouth, les garçons payant cinquante cents pour un petit-déjeuner composé de gâteau chaud Johnny et de café. Je suis allé à Falmouth en compagnie du lieutenant Bucklin, qui a décidé de prendre un petit déjeuner avant de partir, et en chassant un moment, j'ai trouvé une place, et en taquinant, j'ai obtenu une place à table, et pour une fois nous avons mangé à notre faim. Nous avons mangé un steak de porc frit, des biscuits chauds, du café chaud et du sirop, autant de chacun que nous le souhaitions.

En discutant avec les hommes de Falmouth, ils m'ont dit que l'hiver dernier avait été particulièrement rigoureux, avec de grandes quantités de neige et de pluie. Ils m'ont également dit que cet hiver avait été très doux jusqu'à présent, mais que tous les six ou septièmes hivers étaient susceptibles d'être rigoureux, comme ceux de 61 et 62, mais que cet hiver était un bon type de ce qu'ils avaient l'habitude de vivre. sont dans cette partie du pays. Je leur ai dit que j'étais surpris de constater que le temps restait si doux, avec si peu de pluie. J'avais remarqué une particularité du pays qui me donnait un peu d'inquiétude. Il s'agissait des profonds ravins avec lesquels le visage du pays est découpé, et que je supposais avoir été causés par les fortes pluies d'hiver, et je m'attendais à voir une illustration de ce genre de trempage et de lavage, à mon grand inconvénient. On m'a dit qu'ils avaient leurs plus fortes pluies en été ; cette information soulagea mon esprit de ce dont je craignais le plus.

Le village de Falmouth est un lieu ancien et délabré, contenant peut-être un millier d'habitants. Il est situé à la tête des eaux de marée, sur le Rappahannock, à trois quarts de mille au-dessus de Fredericksburg, et est relié à la rive opposée de la rivière par un pont qui traverse directement en face du centre du village ; la moitié du pont, du côté de Falmouth, reste intacte, le reste du chemin, seuls les piliers restent debout. La longueur de ce pont était d'environ quarante barres et traversait la rivière à une hauteur d'environ trente pieds. Il s'agissait d'une structure en bois reposant sur des piliers en rondins et en pierre. Il y a une chute considérable dans la rivière, en face et au-dessus de Falmouth, dont le lit, à cet endroit, est une masse de roches rugueuses et brisées, s'étendant en amont de la rivière aussi loin que je pouvais voir. En raison de la longue persistance du temps sec, la rivière est très basse et pourrait facilement être franchie à gué, je pense, n'importe où dans le voisinage de cet endroit. Je crois que l'on reconnaît généralement que c'était une grave erreur de ne pas traverser la rivière et d'occuper les hauteurs, actuellement en possession de l'ennemi, ce qui aurait pu être facilement fait au moment où notre premier détachement arrivait ici. Je pense que quelqu'un avec une bonne paire de bottes pourrait passer au sec. Les ponts ont été incendiés au moment de l'occupation de Burnside l'été dernier. Depuis lors, les gens d'ici avaient l'habitude de traverser et retraverser le fleuve avec leurs attelages. Nos généraux, ayant eu l'expérience de l'hiver dernier, qui fut particulièrement rude et orageux, craignaient sans doute de voir leurs communications coupées s'ils traversaient, par la seule crue du fleuve, et se retrouvaient ainsi dans une situation étroite avant l'arrivée du fleuve. le pont ferroviaire pourrait être achevé. Les rives du Rappahannock, à Falmouth et au-delà de Fredericksburg, aussi loin que j'ai pu voir du côté nord, sont très hautes et escarpées, — je pense, en moyenne, à soixante pieds au-dessus du niveau de la rivière. Du côté de Fredericksburg, la berge n'est pas aussi raide. Les hauteurs en arrière de la ville, occupées par l'ennemi comme première ligne de défense , et à trois quarts de mille de la rivière, ne sont que très peu plus hautes que celles occupées par nos batteries immédiatement sur la rive. Fredericksburg, lorsque nous nous trouvons sur la rive opposée, semble presque sous nos pieds et, bien entendu, à la merci de nos batteries. Il y a une route de charrette entre Falmouth et Fredericksburg, sur la rive nord de la rivière, longeant le bord au pied de la rive. Notre ligne de piquets est stationnée le long de cette route. De l'autre côté, le long de la rivière, se trouve le chemin des charrettes occupé par les piquets ennemis. Notre défaite à Fredericksburg découragea quelque peu les soldats, mais avec le temps ils reprirent courage. Immédiatement après la bataille, des journaux opposés à l'administration sont apparus dans le camp et ont été vendus en grande quantité. Ces feuilles calomnieuses étaient avidement recherchées et lues par les soldats de notre régiment, qui s'en nourrissaient comme des corbeaux de charognes , sans considérer l'objet de cet abus de l'administration, à savoir *la chicane politique* . Certains des hommes enrôlés depuis neuf mois espéraient sans doute s'échapper sans se battre ; mais, ayant vu l' *éléphant* et en partie aperçu ses proportions gigantesques, ils étaient prêts à sacrifier tous les principes de droit et de justice plutôt que d'exposer à nouveau leur *précieuse vie* .

Beaucoup de ces hommes étaient ceux qui, chez eux, étaient prêts à tous les sacrifices, dénonçant les rebelles en termes non dépourvus de mesure, épaulant le mousquet avec un empressement digne de la cause à laquelle ils engageaient « leur vie et leur *honneur sacré* » ; qui, après quelques expériences avec le tir, les obus et la poudre à canon, étaient prêts à faire n'importe quel sacrifice ou compromis avec l'ennemi qui pourrait les soulager, illustrant pleinement le vieux dicton selon lequel « la distance enchante la vue » ; aussi que « l'auto-préservation est la première loi de la nature ». Je devins tout à fait dégoûté de cette classe de coasseur et de râleur, auxquels il était impossible d'échapper, et qui se nourrissaient avidement de tout ce qui décourageait, à savoir « l'impossibilité de vaincre l'ennemi », « l'état ruineux des finances », « la dépréciation de l'argent ». papier-monnaie », etc., s'efforçant de débattre sur des sujets dont ils ne connaissaient évidemment rien. Ils se flattèrent alors qu'un sentiment général de mécontentement parmi les soldats contribuerait à mettre fin à la guerre, et usèrent de leur influence en conséquence, avalant et dégorgeant tout ce qui était décourageant, et cela avec une avidité qui ferait honneur. à un troupeau de buses se nourrissant d'une mule défunte. C'étaient des temps difficiles ; mais le même principe qui m'avait poussé à entrer dans le service me soutenait toujours. J'avais la foi en l'idée qu'à mesure que la guerre progressait, les sentiments partisans seraient détruits, que le Nord deviendrait plus uni dans ses objectifs, que des dirigeants compétents seraient trouvés et que cette rébellion finirait par être écrasée.

J'ai eu beaucoup de chance de pouvoir jouir d'une bonne santé jusqu'à présent. Je n'avais pas encore été déclaré malade, ni dispensé de mes fonctions pour cause de maladie, et, grâce à quelques soins, j'ai échappé aux tendres miséricordes de notre hôpital. La maladie, à cette époque, le 19 janvier, commençait à se manifester dans le régiment. Un bon nombre d'entre eux sont morts à l'hôpital en une semaine. Stephen Clissold était jusqu'à présent le premier homme de notre entreprise à mourir à l'hôpital. Il a reçu une grave blessure à la tête alors qu'il était en action, le 13 décembre, ce qui, je pense, a été la cause ultime de sa mort. Je crains que beaucoup de maladies dans ce régiment ne soient causées par la négligence des hommes, qui ne se sont pas souciés de quelques choses simples qui contribuent grandement à préserver leur santé. Je sais que certains hommes ont souffert du manque de vêtements, à cause de leur propre insouciance. Cette classe particulière, sans considérer l'irrégularité des approvisionnements, surtout en relation avec une armée aussi nombreuse que celle que nous avions dans notre voisinage immédiat, et l'impossibilité de maintenir constamment des approvisionnements sous la main, de toutes sortes, et la nécessité d'économiser et de conserver en bon état, ce qu'ils avaient, jusqu'à ce qu'ils puissent en obtenir davantage, se retrouvèrent inconfortablement à court.

Immédiatement après la bataille du 13, pendant deux ou trois jours, nous manquâmes un peu de provisions, mais nous en avions de quoi satisfaire notre faim. Au fur et à mesure que nous nous sommes installés dans le camp, nous avons recommencé à vivre. Au début, nous avions des crackers durs. C'est l'article incontournable . Puis du porc, du café, du sucre et des haricots. Après avoir été ici deux semaines, nous tirions des rations de bœuf frais, régulièrement depuis, une fois par semaine. Nous avons mangé des pommes de terre deux ou trois fois, ainsi que des oignons.

Le 14 janvier, nous avons tiré des rations de bœuf salé ; c'était la première fois que nous voyions depuis que nous avions quitté le « Camp Casey ».

Le 15 janvier, nous avons tiré des rations de pommes séchées, mais les crackers, le porc salé et le café sont les produits de base. Nous en avions à tout moment, autant que nous le souhaitions ; quand nous sommes en marche, c'est tout ce que nous avons. Nous avions l'habitude d'avoir des haricots et du riz à tout moment, car ils sont plus faciles à transporter. Le bœuf, les pommes de terre, les oignons, etc., commencèrent à être rangés parmi les luxes de la vie d'un soldat, car il était impossible de nous en fournir à tout moment pendant une campagne active. Des Sutlers , qu'on n'avait pas vus depuis un certain temps , ont commencé à revenir parmi nous. Je donnerai les prix de quelques-uns de leurs articles, tels qu'ils étaient vendus à cette époque : Tabac, 2 $ la livre ; beurre, 75 cents la livre; fromage, 50 cents la livre; poivre, 1 $ la livre; pommes, 5 cents pièce; biscuits, 25 cents la douzaine ; des bottes, 8 $ et 10 $ la paire, qui se vendent à la maison pour 3 $ et 4 $, et d'autres choses en proportion. Le pain moelleux faisait partie des choses disparues ; nous n'en avions pas vu depuis notre départ du « Camp Casey ».

Le 17 janvier, nous avons reçu l'ordre de marche. Nous préparâmes nos sacs à dos en conséquence, remplissâmes nos musettes de rations et nous préparâmes à marcher avec une heure d'avance. Tout semblait indiquer une évolution rapide. Le dimanche 18 passa. Lundi 19, régiment après régiment passa devant notre camp. Mardi 20, il était évident que la « Grande Armée » du Potomac était en mouvement. Ce jour-là, lors du "dress parade", on nous a lu un discours du général Burnside, nous appelant une fois de plus à affronter l'ennemi. Notre colonel avait ordre de déplacer le régiment dans la nuit ou le lendemain matin. A la tombée de la nuit, le vent, qui soufflait du sud-est depuis deux jours, menaçant de pluie, vira brusquement au nord-est et culmina finalement en orage ; nous sommes donc restés au camp. Il a continué à pleuvoir jusqu'au matin du 23 janvier, où il a finalement cessé.

CHAPITRE V.

Depuis la tempête des 20, 21 et 22 janvier, dont on se souviendra comme ayant déjoué les plans du général Burnside dans sa tentative de traverser le Rappahannock, nous avons eu beaucoup de temps orageux, les journées agréables étant de rares curiosités. Et bien que nous ayons été jusque-là merveilleusement favorisés par un temps agréable, il est devenu certain que nous aurions le contraire, rendant ainsi bon le vieil adage selon lequel « un extrême engendre un autre ».

C'est probablement un dicton parmi nous que lorsque les 12e volontaires du Rhode Island se déplacent, la tempête cesse. Le 23 était le jour fixé pour que notre régiment se mette en piquet. Le matin, il a plu et n'a montré aucun signe de disparition, mais immédiatement après le mouvement de notre régiment, les nuages ont commencé à se disperser, et lorsque nous avons atteint Falmouth, le soleil s'est levé ; et à deux heures de l'après-midi, on ne voyait pas un nuage. Nous avons pris nos quartiers dans une ancienne maison de réunion, sur les hauteurs de Falmouth, situation dominant tout le village, la ville de Fredericksburg et la rivière, sur un mile dans les deux sens. Le village de Falmouth regorgeait à cette époque de couteliers , qui vendaient encore leurs marchandises à des prix exorbitants. Les troupes commencèrent leur mouvement rétrograde le 23 au matin, et la route était encombrée de batteries, de wagons à bagages, d'ambulances et de soldats, se dirigeant vers leurs anciens quartiers. Juste à la tombée de la nuit, j'étais dans le village, et à cette heure tardive, batterie sur batterie, ambulance sur ambulance, bordaient la rue, se précipitant vers leurs quartiers respectifs. Il suffit d'avoir vu cette immense quantité de matériel de guerre exposé, comme cela nous a été permis, pour être assuré de la grande force et de l'efficacité de l'armée du Potomac, si elle est correctement dirigée. Comme l'ennemi nous opposait en cet endroit des forces considérables et était sans doute disposé à des efforts désespérés, nous nous attendions bientôt à une lutte sanglante.

Elle fut reportée par l'intervention d'une Providence miséricordieuse, par l'intermédiaire du « Dieu des tempêtes », jusqu'à un moment plus favorable. J'avais néanmoins la foi de penser que l'ennemi à cet endroit serait obligé de céder à l'immense force que nous étions capables de déployer contre lui, et j'attendais patiemment le moment qui apporterait la honte et la défaite à l'ennemi et couronnerait nos armes de victoire. . Alors pouvons-nous, en toute plénitude de notre cœur et en toute sincérité, dire que

"La bannière étoilée en triomphe flotte ,
sur le pays des libres et la maison des courageux."

Connaissant l'immense quantité de pouvoir mis en action par les deux parties, dans cette lutte sanglante, alors que la science et le génie de presque le monde entier tournent leurs pensées dans cette direction, abandonnant d'autres poursuites plus utiles, certaines pensées suggèrent naturellement eux-mêmes.

Je ne pouvais m'empêcher de penser que, de temps immémorial, les différences entre les hommes, à l'approche d'un certain point, où « la patience cesse d'être une vertu », ont toujours abouti à cette manière sommaire de se couper, de se trancher et de s'énerver les uns les autres. Il semble néanmoins très regrettable que ces questions ne puissent être réglées par d'autres moyens. L'histoire ne fait aucune mention d'autres voies prévues, donc j'espère que nous suivons la voie tracée, en posant « bec et ongles ».

Du samedi 24 au mardi 27, le temps a été assez chaud, avec des averses occasionnelles. Mercredi matin, nous avons trouvé qu'il neigeait, l'air était extrêmement froid, le vent du nord-est soufflait un coup de vent, qui s'est poursuivi tout au long de la journée, ce qui en a fait la journée la plus inconfortable que nous ayons jamais connue. Le jeudi 29 a été ensoleillé, chaud et agréable, et nous n'avons plus eu de pluie jusqu'au dimanche 1er février, où nous avons dû nous soumettre à une autre journée de pluie, qui bien que désagréable pour nous, était le moyen de déblayer le peu de neige qui restait dessus. le sol. La veille, nous avons reçu la visite du Paymaster américain et avons reçu notre solde à partir de la date de notre enrôlement jusqu'au 31 octobre. Certains garçons espéraient toucher leur solde jusqu'au 1er janvier, mais ils l'obtenaient à partir de la date de leur enrôlement, ce qui était plus que ce à quoi ils s'attendaient (puisqu'ils pensaient obtenir leur solde seulement à partir du moment de leur enrôlement, le 13 octobre). ,) ils se reposaient satisfaits et attendaient, s'ils n'étaient pas à la hauteur, le prochain jour de paie.

Lundi 2 février, j'ai reçu la visite de Joseph S. Davis, du Twenty-Ninth Massachusetts, que je n'avais pas vu auparavant depuis des années, le même type content et bon enfant, toujours plein de plaisanteries. Je l'ai trouvé sans deux doigts, et depuis lors, j'ai entendu dire que, par la décharge accidentelle de son morceau, il s'est mutilé la main de manière à l'immobiliser pour le moment. Il est maintenant à l'hôpital de Washington.

Le mardi 3, il faisait très froid, le vent soufflait fort du nord-est, avec de fréquentes bourrasques de neige.

Jeudi 5, des rumeurs circulaient selon lesquelles nous allions bientôt sortir de notre situation actuelle.

Le dimanche 8, on reçut l'ordre de se préparer à une marche, avec trois jours de rations, pour se rendre à Aquia Creek, et de là par transports jusqu'à la forteresse Monroe. Lundi s'est ouvert sur nous agréablement. Ce jour-là, à trois heures de l'après-midi, nous avons levé nos tentes et avons dit adieu au « *Camp Mud* ». A quatre heures et demie, l'après-midi, nous empilâmes les armes et nous reposâmes près du dépôt, en compagnie d'autres régiments, attendant leur tour de monter à bord des wagons. A cinq heures et demie, après-midi, nous nous précipitâmes à bord, et après les retards habituels, nous partîmes enfin. Nous avons fait la majeure partie du chemin lentement et nous ne sommes arrivés à Aquia Creek qu'à dix heures du soir. Dès que nous arrivâmes à cet endroit, nous débarquâmes des wagons, le régiment se forma sur le quai, et monta aussitôt à bord des paquebots Metacomet et Juniata, qui attendaient pour nous recevoir. Dès que le régiment fut à bord, il se dirigea vers le ruisseau, où nous passâmes la nuit.

Le matin du 10 s'est levé, nous promettant une journée agréable. La goélette tant recherchée Elizabeth et Helen de Providence, avons-nous appris, était arrivée pendant la nuit et se trouvait au large. Je venais de me la faire montrer, et je la regardais, imaginant ce qu'il pourrait y avoir à bord pour moi, et souhaitant un demi-boisseau de pommes à moudre pendant notre voyage, lorsque je vis un bateau s'éloigner et que je découvris la tête de notre colonel au-dessus de la proue du bateau, se dirigeant vers nous. Il a apporté quelques cartons pour lui et son personnel, ainsi que deux barils de pommes pour le régiment. Les pommes étaient distribuées aux hommes et étaient très acceptables ; J'en ai deux petits pour ma part. A onze heures et demie, les provisions de notre quartier-maître arrivèrent, furent embarquées et, levant l'ancre, nous partîmes pour descendre le fleuve. C'était une très belle matinée et tout le monde était de bonne humeur. Je n'ai pu m'empêcher de comparer notre moyen de transport actuel avec celui qui nous était permis lors de notre marche d'Alexandria à Fredericksburg, en passant par le Maryland et Aquia Creek, deux mois auparavant.

Le Potomac est en effet une belle rivière. Bien qu'il soit indiqué sur les cartes comme étant large et vaste, je n'avais cependant aucune idée de l'ampleur de ce noble ruisseau. Je devrais juger que cette rivière, depuis le ruisseau Aquia jusqu'à la baie de Chesapeake, avait en moyenne cinq milles de largeur. Notre bateau à vapeur, le Metacomet , s'est avéré un marin rapide . Le Juniata, qui nous dépassa avant que nous partions d' Aquia Creek, nous le rattrapâmes bientôt, et alors que nous passions devant l'hôpital de Point Lookout, à cinq heures du soir, et pénétrions dans les larges eaux de la Chesapeake, le Juniata pouvait à peine être discerné depuis la poupe. du bateau. Bientôt, l'obscurité enveloppa tout le monde et, à neuf heures, je rentrai. À midi, grâce au mouvement du bateau, j'étais convaincu que nous avions atteint notre destination.

À six heures du matin, le 11, je suis sorti pour vérifier où nous nous trouvions et contempler de nouvelles scènes. J'ai trouvé le vent frais soufflant de l'est, un ciel nuageux et une pluie menaçante. J'ai découvert que nous étions à Hampton Roads, près du rivage et à moins de trois quarts de mile du village de Hampton. Il y avait un assez grand nombre de navires sur les routes :

vapeurs, goélettes, canonnières, etc. Notre compagne, la Juniata, gisait à une courte distance de nous, arrivée quelques heures plus tard que nous.

Vers neuf heures du matin, nous sommes partis pour Newport News. Nous passâmes tout près des Rip-Raps, une corniche rocheuse à mi-chemin entre la forteresse Monroe et la rive opposée. Depuis le début de la guerre, cet endroit a été fortement fortifié et est devenu célèbre comme lieu de détention pour ceux qui encourent le mécontentement militaire. Nous sommes arrivés à Newport News, avons débarqué à midi, M., et avons immédiatement procédé au débarquement. L'apparence de Newport News, je pense, ressemblait beaucoup à celle d'un port maritime de Californie. Il y a deux jetées construites à partir du rivage, chacune mesurant peut-être 300 pieds de longueur et 10 pieds de largeur, constituées de pieux enfoncés dans le sable, recouverts de planches, avec une balustrade de chaque côté pour aider à préserver l'équilibre.

Nous débarquâmes le bateau sur la jetée, la longeâmes, arrivâmes à la terre ferme, remontâmes la route, atteignîmes le sommet de la falaise, et filâmes vers la gauche sur une courte distance, empilâmes nos armes ; et, tandis que notre colonel allait se présenter à son commandant, nous profitâmes de l'occasion pour faire connaissance avec les vues et les scènes de Newport News.

Le Cumberland, coulé il y a un an par le Merrimack, se trouve en face du débarcadère, à une courte distance dans le ruisseau. Ses trois mâts inférieurs et sa proue sont tout ce qui reste en vue de ce qui était autrefois considéré comme l'un des navires les plus nobles du service. La coque du Congrès se trouve à un mille en contrebas, son sommet étant clairement visible. C'était une chance que le Moniteur fasse son apparition comme elle l'a fait, mettant ainsi un terme aux méfaits.

Cet endroit n'a aucune importance, seulement comme poste militaire, construit depuis le début de la guerre. En face du palier, les bâtiments s'étendent de la plage jusqu'à la falaise, jusqu'à l'espace plat situé au-dessus. La hauteur de cette falaise est d'environ 40 pieds au-dessus de la ligne des hautes eaux sur un mille ou deux dans les deux sens du village, et s'étendant en arrière de là se trouve une plaine plane, d'un demi-mile de largeur et de longueur jusqu'à l'œil. peut atteindre; et en une ligne continue le long de la baie, sur cet espace plat, les différents régiments campent, présentant un très bel aspect. L'espace devant notre camp, d'un quart de mille de largeur à partir du bord de la falaise, est utilisé pour les exercices et le défilé. Le sol du haut de la falaise jusqu'à l'arrière descend progressivement. Quarante cannes à l'arrière de nos tentes nous procurent de la bonne eau en abondance.

Nos puits sont réalisés en creusant un trou et en insérant deux barils, sans têtes, l'un au-dessus de l'autre. Il y avait aussi des fossés creusés parallèlement à notre camp, à l'arrière des puits, et étant alors en partie remplis d'eau, nous avions toutes les commodités pour nous laver, et aucune excuse pour nous salir le visage. Au fond de ces fossés, à peu de distance, se trouvent les bois dont nous dépendions pour nos feux. Bien que la hache du bûcheron ait frappé efficacement ces nobles arbres forestiers au cours des deux dernières années, il en restait encore une bonne quantité sur pied. Nous dépendions également de ces bois pour notre musique, alors que toutes les autres sortes cessent. Comme il s'agit d'une institution permanente, les habitants de la forêt, parmi lesquels des grenouilles et des hiboux, chantaient des mélodies jusque tard dans la nuit.

Le camp du douzième Rhode Island était à un quart de mille du débarquement, au nord-ouest. Le village de Newport News est entouré au nord et à l'ouest par une palissade et un fossé, destinés à repousser une attaque à revers. Dans cette enceinte se trouvaient la caserne des hommes et l'espace habituel réservé aux exercices et aux défilés. En dehors de cette enceinte, à l'est, d'autres casernes ont été construites. Presque tous les bâtiments sont construits en rondins ; certains d'entre eux, construits à l'usage des commerçants et des quartiers-maîtres, sont en planches brutes, évidemment non destinées à quelque chose de permanent. En termes d'étendue, ces bâtiments sont dispersés sur une superficie d'un demi-mille de largeur et d'un mille de longueur le long du rivage de la baie. La baie elle-même est une belle nappe d'eau, et en face de nous elle avait peut-être quatre milles de largeur. Alors que nous nous tenions sur la falaise, face à la baie, juste en dessous, du côté opposé, nous pouvions discerner l'ouverture menant à Norfolk ; à droite, on apercevait l'embouchure de la rivière James ; et directement à l'entrée on apercevait une de nos canonnières, qui montait la garde, prête à nous avertir de tout danger venant de cette direction. Devant nous, éparpillés, se trouvaient quelques embarcations dont l'aspect général témoignait de leur vocation. Le Galena, dont on se souvient comme ayant participé à l'attaque du fort Darling, l'été dernier, gisait dans la baie en face de nous. Quoique percée alors de vingt-huit boulets, elle existait encore, et, à en juger par son apparence et sa réputation, elle serait capable, lorsqu'elle serait appelée à engager l'ennemi, de donner bonne image d'elle-même.

Le Minnesota se trouvait à un mille et demi au-dessous de nous. Si le Monitor n'était pas venu à notre secours, au lieu du noble navire qui se trouve maintenant devant nous, dans toutes ses belles proportions, il aurait présenté la même triste silhouette que le Cumberland et le Congress, partageant sans aucun doute le même sort.

La flotte comprenait trois canonnières, du modèle Monitor. Ces bateaux n'ont pas besoin d'éloges, et on attend surtout qu'ils parlent d'eux-mêmes.

Le 12 février, le lendemain de notre arrivée ici, comme il faisait chaud et agréable, nous sommes allés dans les bois pour couper et fendre des bûches pour notre maison. Les 13 et 14 furent occupés à cette affaire. Le 15, ceux qui étaient dans la tente avec moi ont cédé ; cela a mis les choses au point avant que notre maison ne soit terminée. Le 16, il commença l'assaut ; ceci, bien sûr, a mis un terme aux opérations. Ce jour-là, j'ai reçu une boîte de pommes de chez moi. Le 17, a reçu un demi-baril de Jason Newell. Ceux-ci sont arrivés à temps.

La tempête s'est poursuivie jusqu'au vendredi 20. Le samedi 21, notre colonel ordonna que toutes les cabanes en rondins soient rasées et décollées du sol. Cela a été fait. De nouvelles tentes « A » ont été distribuées et montées immédiatement. Le lendemain, nous devions avoir *des chapeaux de paille*. (Ceci, je l'avoue, n'était qu'une simple conjecture de ma part.) Cependant, nous avons eu juste le temps de planter nos tentes avant qu'il ne commence à pleuvoir. La nuit, il a neigé ; et le lendemain matin, nous retrouvâmes de nouveau la pluie, qui dura toute la journée, ce qui la rendit très désagréable. Dans l'ensemble, le régiment était mieux loti avec les nouvelles tentes, car beaucoup de garçons ne faisaient aucun effort pour leur construire une maison, et n'ayant rien d'autre que les « tentes-abris », ils étaient mal équipés. Mais pour ceux qui étaient habitués à des quartiers meilleurs, le changement fut soumis avec une mauvaise race.

Mercredi 25, le 9e corps d'armée passe en revue devant le général Dix.

Le samedi 14 mars, nous avons eu une présentation d'épée, la compagnie F présentant au capitaine Hubbard une belle épée, un pistolet, une ceinture d'épée, etc. L'argent a été collecté dans la société, par souscription, et les articles ont été achetés et apportés par JL Clark, notre quartier-maître. FM Ballou, qui avait récemment reçu une commission de sous-lieutenant et était affecté à la compagnie F, reçut également en même temps une épée, un pistolet, un ceinturon d'épée, une casquette et d'autres choses, de la part d'amis de la maison. Ceux-ci furent également amenés par JL Clark, qui venait de rentrer au régiment, après une absence de deux semaines.

Le camp des douzièmes volontaires du Rhode Island, à cet endroit, était le plus beau camp sur le terrain. Les rues étaient bien tracées et nettoyées. Les tentes étaient neuves et présentaient un aspect soigné et uniforme.

Il y a eu une grande amélioration dans le régiment après son arrivée ici. Nous étions bien habillés et aussi finement équipés que n'importe quel régiment en campagne. Nous avions également le mousquet rayé Springfield, qui est considéré comme le meilleur du service.

Pendant que nous étions à cet endroit, nous avons eu une bagarre au camp, qui a failli être une affaire sérieuse. J'étais dans la tente du quartier-maître le

5 mars au soir, lorsqu'à huit heures notre ordonnance entra, nous annonçant que notre compagnie avait reçu la visite du 48th Pennsylvania, régiment voisin, qui était venu muni de gourdins et de pierres. pour régler une difficulté qui s'était produite entre eux et certains de nos garçons. Nous avions quelques gars rudes dans notre compagnie, et dès que les garçons de Pennsylvanie firent leur apparition, ils s'y rendirent. Après quelques rounds, les intrus se retirèrent. Aucun membre de notre compagnie n'a été dangereusement blessé ; quelques légères coupures à la tête et aux oreilles englobaient toute la liste des victimes. Peu de temps après cette affaire, je suis retourné à mes quartiers et je me suis couché, dans l'espoir de passer une bonne nuit de sommeil. Au bout d'une demi-heure environ, nous avons été informés d'une autre visite de nos voisins. Nos garçons se sont précipités dehors en criant *Turn out ! s'avérer ! conduis - les ! conduis - les !* Au même moment, nous entendions les gourdins frapper contre les parois de nos tentes. Immédiatement après, j'ai entendu le capitaine Hubbard se précipiter, et peu après le coup de pistolet, un, deux, trois, suivi du coup de fusil, m'ont assuré qu'il était temps d'enfiler des bottes et de se préparer au combat. En sortant de ma tente, j'ai constaté que le tumulte s'était calmé. Notre lieutenant-colonel arriva, on nous ordonna tous de rentrer dans nos quartiers, et la garde appelée, cette bagarre, qui promettait quelque chose de sérieux, fut enfin réprimée. Je n'ai pas entendu dire que quelqu'un ait été grièvement blessé.

Le lendemain matin, alors que j'étais allongé dans ma tente, regardant la rue, un groupe de trois ou quatre personnes s'est arrêté devant pour discuter. Bientôt, l'un d'eux commença à présenter des symptômes d'une nature étrange et, juste au-dessus, il se mit sur le dos. A propos de l'affaire de la nuit dernière, je commençais à penser que les choses allaient vers une crise. Cependant l'homme, qui selon toute apparence était mort, à force de frottements appliqués par ceux qui étaient rassemblés autour de lui, fut enfin ramené et emmené.

CHAPITRE VI.

Le 18 mars, une tempête froide et désagréable commença et dura jusqu'au 21 ; cela a commencé par une pluie bruine, qui s'est finalement transformée en une forte tempête de neige, et le 21 au matin, la neige s'est dissipé, la neige gisait sur le sol avec une épaisseur de six pouces. Tous attendaient maintenant avec impatience le moment où nous devrions nous arrêter et repartir vers d'autres régions.

Le 23 mars, la neige avait disparu, à notre grande satisfaction. Cette journée a été consacrée à la distribution de vêtements au régiment. Ils étaient désormais parfaitement préparés pour le voyage qui les attendait. Le douzième était à cette époque le plus grand régiment de tout le corps, et le plus beau par son aspect général, quant aux hommes, à leurs vêtements, à leurs armes, à leur équipement , etc.

Mercredi 25, nous avons reçu l'ordre de marche.

Le jeudi 26, à sept heures de l'après-midi, nous levâmes nos tentes et restâmes dans les rues, attendant que les ordres tombaient. Pendant ce temps, des feux s'allumèrent et un feu de joie général s'ensuivit ; des bâtons, des poteaux, des boîtes et tout ce qui pouvait brûler étaient grattés et ajoutés aux flammes. La nuit étant froide et glaciale, ces feux se sont révélés très encourageants et confortables. A onze heures du soir, nous fûmes appelés à nous présenter. Cela fut vite fait ; le régiment fut formé, et nous nous rendîmes immédiatement au débarquement, et montâmes à bord du vapeur Long Island, et nous fûmes bientôt en route, faisant nos adieux à Newport News, où nous avions passé de nombreuses heures agréables, pour notre plus grand confort individuel, et avec profit pour le régiment. Le 26 au matin, nous remontions le Chesapeake, *en route* vers Baltimore.

Nous avons quitté le Chesapeake à six heures du soir, sommes entrés dans le Petapsco et à sept heures nous avons été amenés au quai, où nous avons passé la nuit.

Le 27, à six heures du matin, on nous ordonna de jeter nos sacs à dos. Cela fait, nous descendîmes du bateau, le régiment fut formé, et marchant dans les rues de la ville, nous posâmes nos armes en face du dépôt, et devions monter à bord des voitures dès que les dispositions nécessaires pourraient être prises. Les garçons ont été autorisés à quitter les rangs et à aller où ils voulaient. Je suis descendu dans la rue et j'ai découvert qu'il y avait beaucoup d'alcool en vente, et aussi qu'il y en avait *une grande demande* ; beaucoup de garçons faisaient remplir leurs cantines, etc.

Les habitants de Baltimore étaient très amicaux avec nous. Alors que nous marchions dans les rues, nous avons reçu des salutations cordiales ; des mouchoirs étaient agités, des drapeaux étaient déployés, etc. Le régiment lui rendit la pareille, qui répondit par des acclamations assourdissantes.

Nous étions occupés après notre départ de Baltimore, car les garçons se livraient trop librement à des « libations de whisky ». Ils n'avaient pas bu d'alcool depuis un certain temps et semblaient déterminés à en profiter au maximum. A midi, nous commençâmes à monter dans les wagons, et à une heure de l'après-midi, tout le régiment était à bord. Certains des hommes ont été ramassés et amenés dans un état de délabrement, après avoir effectué *des sauts périlleux* , ayant évidemment eu de l'aide dans ce jeu, à en juger par l'expression de certains d'entre eux, qui avait sensiblement changé, montrant des marques là où le poing avait été. a été appliqué de trop près pour le bien du destinataire, ce qui a entraîné *des rampements sur tous les quatre* et d'autres manifestations du même caractère. À trois ou quatre exceptions près, toute notre compagnie est montée à bord sans aide, même si je suis désolé de dire que beaucoup d'entre eux étaient pleins de bagarre et ont commencé les opérations peu après être montés dans les wagons. Il m'a incombé de me tenir à une extrémité de la voiture, avec l'ordre de ne permettre à personne de sortir, sous aucun prétexte , car dans l'état actuel des hommes, le résultat aurait sans aucun doute été désastreux. Bientôt le tumulte commença et se poursuivit jusqu'à ce que l'obscurité y mette un terme. Il y avait une accalmie occasionnelle dans la tempête, à mesure que les groupes s'épuisaient.

Vers la nuit, ceux qui avaient été amenés à bord insensibles et qui étaient redevables à quelques-uns d'entre nous de leur conservation (car il y avait de fortes chances qu'ils auraient été mis en pièces si nous ne nous étions pas efforcés de les sauver) sont venus et *ont navigué* dans pour leur part. Je n'ai jamais entendu un tel tumulte parmi les êtres humains, et il a fallu tous nos efforts pour les empêcher de s'anéantir les uns les autres. L'obscurité tomba enfin sur nous, le tumulte cessa en partie et un calme relatif régnait dans cette *ménagerie* .

Le train a démarré à deux heures de l'après-midi et a progressé lentement tout au long de l'après-midi. Tard dans la soirée, nous nous sommes arrêtés à Little York, en Pennsylvanie, où du café chaud et du pain ont été servis à ceux du régiment qui se sentaient disposés à y participer. Nous étions maintenant en bonne voie, *en route* vers l'Ouest, via Harrisburg. Après avoir quitté Little York, nous avons avancé rapidement et le lendemain matin, à huit heures, nous nous sommes arrêtés à Lewistown, Pennsylvanie, à soixante milles à l'ouest d'Harrisburg.

Le 28 mars, à une heure et demie, P. M. s'arrêta à Altoona, où du café chaud et du pain blanc nous furent servis. À deux heures et quart, commença l'ascension des montagnes Alleghany. Notre train était composé de trente wagons, tirés par une puissante locomotive. Au début de l'ascension de la montagne, deux autres étaient attachés, un à l'arrière du train et un devant. La route est très tortueuse, et le train, en se déplaçant lentement, serpentant dans les nombreux virages, comme un énorme serpent, offrait à l'œil du spectateur un spectacle nouveau et beau. En de nombreux endroits, nous pouvions contempler des ravins de plusieurs centaines de pieds de profondeur, tout près de la piste, dont les côtés étaient presque perpendiculaires ; et d'un autre côté les montagnes s'élèveraient aussi haut au-dessus de nous. Tout au long de la route, les montagnes étaient couvertes d'une épaisse végétation de bois. Des millions de bûches, de toutes tailles, pourrissaient sur le sol, semblant prêtes à tomber sur nous à tout moment. Cette traversée des Alleghanies présentait des caractéristiques nouvelles pour les habitants du Rhode Island et était appréciée par tous ceux qui pouvaient apprécier les beautés de la nature.

A deux heures et demie, après-midi, nous avons traversé le tunnel du sommet et avons commencé notre descente. Il dépassa Johnstown à six heures et entra à Pittsburg à midi. A midi et demi, le 29 au matin, le régiment descendit des voitures et marcha vers l'Hôtel de Ville, rendez-vous général des soldats sans souper . Nous trouvâmes ici un souper qui nous attendait, auquel nous nous présentâmes rapidement. Du pain blanc et du beurre, des craquelins, des cornichons, des pommes et du café chaud nous ont été servis. Nous avons également eu droit à la musique de l'un des groupes de la ville. Arrêtés une heure dans la salle, lorsque le colonel prononçant un discours, remerciant les Pittsburgiens de leur hospitalité, etc., nous partîmes très satisfaits de notre divertissement. Depuis le hall, nous avons parcouru une courte distance et *nous sommes logés* à l'abri d'un grand hangar attenant au dépôt, où certains d'entre nous ont eu la chance de pouvoir faire une courte sieste.

A six heures du matin, je me levai de mon lit duveteux, visitai un salon voisin, me lavais bien et, grâce à la gentillesse d'un ami, prenais un bon petit déjeuner composé de pommes de terre, de biscuits chauds, de steak de bœuf, de café, etc. A neuf heures et demie du matin, le régiment monta dans les wagons, et à dix heures le train partit, traversant la rivière Alleghany, *en route* vers Cincinnati, via Steubenville et Columbus. J'ai amélioré le peu de temps que j'ai passé à Pittsburg en regardant autour de moi. J'ai été quelque peu surpris de l'aspect général de la ville. J'en avais souvent entendu parler comme d'un endroit sale. On l'appelle souvent la ville de la « Fumée éternelle ». Cela vient des nombreuses forges, fourneaux, etc., qui abondent dans la ville, son activité principale étant le travail du fer, pour laquelle elle est célèbre. Dans le cadre de son activité, j'avais imaginé un ensemble de bâtiments bas et lourds et de maisons délabrées, toutes couleur de fumée. Au lieu de cela, j'ai trouvé un endroit d'une grande beauté et d'un grand intérêt. La plupart des bâtiments de la partie commerciale de la ville avaient quatre ou cinq étages, la brique et la pierre étant les matériaux utilisés. Tous les bâtiments étaient d'apparence soignée et beaucoup d'entre eux étaient des modèles de goût et de beauté dans leur architecture. J'ai vu de très belles églises à cet endroit. En raison de notre court séjour ici, je ne peux pas entrer dans une description, mais à en juger par ce que j'ai vu, je devrais penser qu'il s'agit d'un lieu d'une grande richesse, d'une beauté et d'un intérêt peu communs. Nous avons traversé Steubenville, Ohio, à deux heures de l'après-midi. Au village de Means, un peu plus loin, nous nous sommes arrêtés pour prendre un café. Arrêté de nouveau au village de Newcomerstown, à sept heures de l'après-midi, au village de Cheshocton , à neuf heures, et à la ville de Newark à midi. Tout au long de ces villages nous avons été chaleureusement accueillis par les habitants. Les dames ont couru à notre rencontre alors que nous nous arrêtions. Beaucoup d'entre eux apportaient du pain, des tartes et des pommes aux soldats. Certains garçons ont reçu de petits témoignages d'affection, sous forme de baisers. En ce qui concerne les baisers, "Donnez gratuitement comme vous recevez", telle était la règle des garçons. En passant par ces villages, pour ma part, j'ai reçu une pomme et une tranche de pain blanc et de la sauce.

Le lundi 30, à deux heures du matin, le train s'arrêta de nouveau, et après m'être renseigné, j'appris que nous étions arrivés à Columbus, la capitale de l'État. Nous y trouvâmes des rafraîchissements pour tout le régiment qui nous attendait. Du pain blanc était apporté dans les voitures et distribué à ceux qui le souhaitaient. Avant que le café puisse nous être apporté, notre colonel, estimant que le régiment avait plus besoin de repos que de café et de pain (beaucoup d'entre eux dormaient à ce moment-là), ordonna au train de repartir. N'ayant pas eu de bonnes chances de dormir moi-même, étant prêt à manger et à boire autant que je pouvais, j'ai pris quatre miches de pain et, voyant que le café était dans le dépôt, je me suis dépêché des voitures et j'ai été à temps pour remplir mon cantine.

A sept heures du matin, nous traversons Zenia , où le train s'arrête assez longtemps pour que nous puissions nous laver et regarder autour de nous. Partant d'ici, à dix heures du matin, nous fîmes halte dans la vallée de Miami, dans un petit village, où nous restâmes jusqu'à midi. Au village de Morrow nous nous arrêtâmes quatre heures. Ce retard était dû à l'écrasement d'un train qui nous précédait, nous obligeant à attendre que la voie soit dégagée. A cinq heures de l'après-midi, nous repartîmes et à sept heures nous entrâmes dans la ville de Cincinnati. Après une heure de retard, nous descendîmes des voitures et nous dirigeâmes peu après vers le marché de la Cinquième Rue, où le dîner nous fut servi. Nos rafraîchissements étaient les mêmes que ceux que nous avions à Pittsburg, moins la musique. À neuf heures de l'après-midi, nous nous retirâmes de la salle, après avoir salué nos remerciements par trois acclamations assourdissantes, et nous marchâmes immédiatement vers le bateau que nous trouvâmes qui nous attendait, et à dix heures de l'après-midi, nous traversâmes l'Ohio et nous trouvâmes sur le sol du Kentucky. Nous avons atterri à Covington, un endroit en face de Cincinnati. A onze heures, nous sommes rentrés pour la nuit, occupant le sol d'un vieux hangar délabré, près du dépôt.

Le mardi 31, notre colonel essaya de nous procurer un petit-déjeuner pour le régiment à cet endroit, mais sans succès. Nos musettes nous fournirent un petit déjeuner à cet endroit. Nous avons été retardés ici jusqu'à une heure de l'après-midi, lorsque nous avons repris les voitures et nous sommes bientôt dépêchés *en route* vers Lexington. Nous avons traversé la ville de Belmont à quatre heures et sommes arrivés à Lexington à neuf heures du soir. Nous voilà arrivés, apprenons-nous, à la fin de notre voyage. Nous avons pris nos quartiers pour la nuit dans les voitures et aux alentours du dépôt.

Le mercredi 1er avril, nous sommes arrivés tôt, avons allumé du feu, préparé du café et pris notre petit-déjeuner. Le régiment n'a été appelé à tomber qu'à huit heures et demie du matin. Pendant ce temps, j'en ai profité pour visiter la tombe et le monument de Henry Clay, qui se trouvent dans le cimetière à peu de distance du dépôt. Le monument est très grand et au sommet du grand puits se dresse une statue de l'homme d'État défunt. Sa tombe est à une quarantaine de bâtons du monument. Cela m'a été signalé par une personne connaissant les lieux. Il se trouve à dix pieds au nord du monument érigé par lui à la mémoire de sa mère, Mme Elizabeth Clay, anciennement Watkins. Il n'y a aucune pierre pour marquer l'endroit où il repose, car ses restes seront sans doute bientôt transportés dans la voûte préparée à leur intention, au pied du monument. Ayant trouvé quelques grains de café, comme on les appelle ici, sur la tombe, et qui poussaient sur un arbre qui la protégeait , je les ai gardés comme souvenir. J'ai également visité le lieu autorisé pour l'enterrement des soldats qui meurent dans les hôpitaux ici. L'espace alloué se trouve sur une éminence et la manière d'enterrer est nouvelle et intéressante.

Les tombes étaient disposées en cercles, le premier cercle entourant un espace de vingt pieds de diamètre, le pied de la tombe étant tourné vers l'espace et la tête vers l'extérieur. Le deuxième cercle en dehors de celui-ci, et ainsi de suite. Plusieurs cercles étaient déjà terminés. L'espace est réservé à l'érection d'un monument dans le futur. Il y a dans ce cimetière de nombreux beaux spécimens de sculpture et des monuments en grande profusion. A huit heures et demie, nous fûmes appelés à nous replier et nous marchâmes immédiatement vers notre campement. Celui-ci était situé sur le parc des expositions, à trois quarts de mille de la ville. C'était une situation magnifique, au milieu d'un bosquet de noyers noirs et d'érables, offrant une belle vue sur la campagne environnante, qui comprend de nombreuses localités intéressantes. Le domaine Ashland, bien connu comme la résidence d'Henry

Clay, n'est qu'à un mile de notre camp. Ce domaine est très vaste, comprenant à l'origine mille acres.

Jeudi 2 avril, j'ai commencé une visite de cet endroit. Juste avant d'arriver à la maison, nous rencontrâmes deux enfants, un garçon et une fille, qui jouaient dans un bosquet attenant. Ils avaient environ dix ou douze ans. En m'approchant d'eux pour m'enquérir, j'ai remarqué dans les traits de chacun une ressemblance frappante avec l'homme dont nous vénérons la mémoire. En faisant enquête, j'ai appris qu'ils étaient les petits-enfants d'Henry Clay. Leur père, James Clay, était absent, occupant un poste élevé dans l'armée rebelle ; sa famille occupant la ferme. C'était une journée très chaude et agréable, et toute la famille, composée de la mère et de deux autres enfants plus jeunes, s'affairait dehors et regardait les hommes qui travaillaient au moment de notre visite, dans le jardin. . L'épouse de James Clay est une femme apparemment âgée d'une trentaine d'années, d'une taille plutôt au-dessous de la moyenne ; a les yeux et les cheveux noirs, le teint foncé et, sans aucun doute, dans sa jeunesse, elle était considérée comme belle. Son visage porte les traces du chagrin et, en l'absence de son mari, elle voit sans doute des ennuis. J'ai eu une conversation avec l'un des hommes au sujet de la famille. Il m'a montré la maison dans laquelle il vivait, qui est située sur le domaine et qui lui avait été louée par Mme Clay l'année précédente. Il a dit qu'il était un homme du syndicat et qu'il pensait qu'il valait mieux qu'elle le comprenne ainsi avant d'occuper les lieux. Il lui a donc dit. Tout ce qu'elle lui a dit, c'est qu'elle avait loué la maison pour l'argent. Il ne pouvait pas savoir si la conduite de son mari était approuvée ou non par elle, car elle suivait ses propres conseils. On m'a dit que toute la famille, depuis le décès de l'honorable parent, survenu il y a environ huit ans, était habillée en noir. Mme Clay était vêtue d'un complet costume de deuil profond. Compte tenu de la situation actuelle de son mari, j'ai trouvé la robe très appropriée.

Nous avons eu le privilège de visiter les lieux. J'appris que la maison occupée par l'aîné Clay avait, depuis son décès, été démolie, laissant place à une maison plus moderne dans son style d'architecture. Aucune modification n'a été apportée aux dépendances, qui sont nombreuses. La maison est un très beau bâtiment, construit en brique, avec des corniches en pierre de taille, des encadrements de fenêtres, etc. La pelouse est très spacieuse ; autour du bord extérieur se trouve une route carrossable, et de chaque côté se trouve une rangée d'arbres. Les principales espèces sont la pruche, le sapin et le noyer noir, la plupart de grande taille. Disséminés en grande profusion sur la pelouse, il y en a d'autres de différentes sortes. Le long de la route carrossable se trouvaient quelques parterres de fleurs négligés. En trouvant quelques-uns en fleurs, j'en ai sélectionné un et je l'ai renvoyé chez moi en souvenir de ma visite dans ce célèbre domaine.

Après un court séjour ici, nous sommes retournés au camp. Sur le chemin du retour, nous sommes passés devant la résidence de John Clay et avons profité de l'occasion pour visiter ses écuries et voir les chevaux qui lui appartenaient, il étant réputé propriétaire de certains des meilleurs chevaux de l'État. Nous trouvâmes les écuries faciles d'accès, plusieurs nègres en étant responsables, qui voulurent bien nous faire visiter les lieux. Ce Clay est un personnage assez sportif ; possède son propre hippodrome et se consacre à l'élevage et à la course de chevaux. Ceux que nous avons vus étaient les meilleurs qu'il avait. L'un d'eux, une jument bai brillante, nommée Edgar, aurait parcouru son mile en une minute quarante-six secondes. Ceux que j'ai vus étaient tous entraînés à courir. En sortant des écuries, nous sommes passés devant la maison. Ayant faim, j'ai demandé à un nègre s'il pouvait nous trouver à manger. Il nous a emmenés à la maison et a demandé aux habitants de la cuisine, qui se composaient de trois nègres , un homme et deux femmes, s'ils pouvaient faire quelque chose pour nous. L'homme a dit que M. Clay était malade et avait refusé plusieurs fois avant nous. Constatant que nous accepterions un Johnny -cake qui cuisait sur la cuisinière, il l'enleva et nous le donna. La veuve d'Henry Clay réside à cet endroit avec son fils. Elle a maintenant quatre-vingt-trois ans, est très faible et suivra bientôt son regretté mari au tombeau. De là, en revenant au camp, nous nous arrêtâmes pour voir un troupeau de mulets qui venaient d'être lâchés et qui cabriolaient et se déplaçaient à un rythme effréné. Parfois, on s'arrêtait et on laissait voler une paire de talons, faisant à nouveau craquer tout le monde. Cependant, je ne pouvais pas voir qu'il y avait des dégâts. Souvent, deux ou trois, alors qu'ils étaient en pleine course, tombaient à terre et remontaient et couraient aussi vite dans une autre direction. Les coups qu'ils se donnaient tueraient n'importe quoi sauf un mulet. A une heure de l'après-midi, j'arrivais au camp, très content de mon voyage.

Le dimanche 5 avril, j'allai à l'église de la ville, en compagnie de deux ou trois cents militaires du régiment. Le lundi 6, nous avons signé les bulletins de paie et le lendemain, le 7, nous avons été payés, recevant notre paie jusqu'au 1er mars. Nous étions au camp ici depuis une semaine et nous étions plutôt bien établis. Notre quartier-maître, JL Clark, était laissé à Newport News pour y régler nos affaires, puis devait nous suivre avec la majeure partie des bagages. A cette heure-là, le 7 avril, il ne nous était pas parvenu. Par la faute de quelqu'un, nous n'avions que peu d'argent pendant notre séjour à cet endroit, et comme nous recommencions à vivre, nous recevions des ordres de marche.

Le mercredi 8, nous levons le camp et partons en marche à huit heures du matin, accompagnés du reste de la brigade. C'était une matinée chaude et agréable. Nous traversâmes la ville et primes la route en direction de Winchester, et après une marche très rude de vingt-deux milles, nous atteignîmes notre campement, qui était situé à deux milles au sud de ce village, à sept heures et demie du matin. soirée. Ce fut une dure journée de marche pour la première brigade. La route que nous avons empruntée partait de Lexington vers le sud-est, en ligne droite. Sous la surface du sol se trouvent des corniches, qui abondent dans cette partie du pays, d'ardoise et de grès. Ceux-ci sont faciles à travailler et constituent le matériau utilisé pour construire les routes. La pierre est brisée en petits morceaux qui, avec le temps, deviennent fins, constituant un excellent passage. La route sur toute sa longueur a été tracée de cette manière. En raison du matériau utilisé pour la fabrication et la réparation (il fallait dernièrement marcher sur des pierres pour chaque petit chemin), c'était très dur pour les pieds. Je n'ai pas pu apprendre qu'il était nécessaire que nous fassions cette marche de deux jours en une, sauf peut-être pour satisfaire le caprice du colonel Griffin du neuvième New Hampshire, qui commandait la brigade en l'absence du général Naglee . . Mais une petite partie de la brigade parvient à atteindre le camp dans la nuit du 8. Beaucoup d'hommes portaient de lourds sacs à dos et furent obligés de se brouiller. Après avoir parcouru quelques kilomètres, je jugeai, d'après le mouvement des choses, qu'ils avaient l'intention de faire la marche en un jour. Je tombai donc, ôtai mes bottes et enfilai une paire de « whangs », afin de marcher le plus facilement possible.

Juste avant de reprendre ma place dans les rangs, j'ai croisé mon copain qui s'était arrêté pour se reposer, les pieds déjà couverts d'ampoules. Comme il serait plus facile de marcher à l'arrière du régiment, évitant ainsi la poussière (le chemin étant en outre très poussiéreux), et de se reposer à loisir, il s'y était décidé. Nos affaires étant ensemble, je lui ai tenu compagnie. Après avoir parcouru environ seize milles dans cette direction, mon compagnon, qui était à peu près épuisé, s'arrêta jusqu'à ce que les wagons à bagages nous rejoignent, et réussit à mettre son sac à dos dans l'un d'eux, et trouva bientôt après une place pour le mien. Cela nous a facilité la tâche. Les wagons appartenaient à la brigade, et j'eus la chance de mettre mon sac à dos sur celui contenant les bagages du douzième régiment. Mon compagnon, après notre arrivée au village, l'enleva et le remit sur son dos. Trouvant le wagon contenant le mien devait accompagner notre régiment, je conclus à le laisser y rester. Dès que le chariot partit, je m'en saisis et parvins ainsi à suivre, l'attelage partant un peu au trot. Nous arrivons enfin au camp. J'ai mis environ cinq minutes à retirer mon sac à dos du chariot, à en retirer mes couvertures et à me coucher. Mon copain s'est couché pour la nuit sous une clôture, à environ un quart de mile à l'arrière, étant à peu près "joué". "

Le Kentucky est le plus beau pays que j'aie jamais vu. Il avait la même apparence de Lexington à Winchester. Le sol, en apparence, est excellent et facile à cultiver. La surface du terrain ondule en collines et en vallées, juste assez pour donner du relief et de la beauté au paysage. Aucune pierre à la surface pour ajouter au travail de sa culture. Ici, aucun sous-bois ne pousse dans les bois. Cela ajoute beaucoup à la beauté de ce pays, chaque forêt ayant l'apparence des plus beaux bosquets, sous lesquels l'herbe pousse en abondance. Cela donne au Kentucky l'avantage sur n'importe quel État jusqu'à présent, que j'ai vu ; et le premier en rang, comme pays producteur de bétail, car chaque forêt offre d'excellents pâturages pour les troupeaux de bœufs, de mulets, etc., qui abondent dans cet État. Les champs sont vastes, bien clôturés et une grande partie est en culture. Les maisons sont dispersées, espacées d'un demi-mile ou d'un mile, ce qui suggère à un habitant de la Nouvelle-Angleterre l'idée d'en avoir d'autres entre elles, au cas où la guerre prendrait fin, ainsi que l'institution de l'esclavage. À Dieu ne plaise que cette belle terre soit plus longtemps ravagée par cette malédiction.

"Alors conquérir, nous devons, quand notre cause est juste .
Que ceci soit notre devise: 'En Dieu est notre confiance.
' Et la bannière étoilée, en triomphe, flottera ,
sur la terre des libres et la maison. des courageux."

CHAPITRE VII.

Notre brigade comprenait le deuxième régiment du Maryland, le neuvième du New Hampshire, les septième et douzième régiments de volontaires du Rhode Island et le quarante-huitième régiments de Pennsylvanie, et était sous le commandement du général Naglee . Le quarante-huitième Pennsylvania fut affecté à Lexington pour exercer les fonctions de prévôt et fut laissé sur place. À propos, lorsque nous étions à Newport News, nous avions une abondance de tout ce à quoi un soldat peut s'attendre. La goélette Elizabeth & Helen, de Providence, RI, qui arriva à cet endroit le 16 février, chargée de légumes, ajouta à notre santé et à notre confort, et la condition du régiment s'améliora très sensiblement. Après avoir quitté Newport News, et jusqu'à cette date, le 14 avril, nous n'avions rien d'autre que des « rations de marche » (des crackers durs et du porc salé), à l'exception de ce qui fut distribué à Lexington le 6 avril et de ce que nous avions pu acheter.

Le département de l'intendance de la première brigade était maintenant en état de marche et prêt à distribuer des rations le 13 avril, mais notre commissaire régimentaire était de nouveau en retard, comme à Lexington, et nos officiers dormaient. Nous avions beaucoup de "hard crackers", mais ceux-ci étaient devenus une drogue chez nous, par conséquent nous étions tentés d'acheter ce qui était apporté au camp, pour lequel nous payions des prix exorbitants. Les Kentuckiens étaient conscients de notre arrivée et semblaient déterminés à tirer le meilleur parti de nous. Certains de nos officiers, dont la tâche était de s'occuper de ces affaires, ne considéraient pas que le soldat dans les rangs puisse être obligé d'étudier l'économie, et par conséquent désiraient la distribution rapide des rations, et un peu de soin et d'ingéniosité dans leur préparation; leur épargnant ainsi les frais de payer ici et là tant d'argent pour ce luxe. Ils ne semblaient pas considérer la responsabilité qui leur incombait. Peut-être qu'ils s'en fichaient. La chose était juste là. Dans chaque compagnie se trouvaient de cinquante à soixante-quinze hommes, dont la situation était meilleure ou pire, selon que leurs officiers étaient aux aguets ou endormis. S'ils avaient été éveillés, les rations auraient été tirées rapidement et correctement cuites ; et la conséquence aurait été que, ayant assez à manger dans leur propre cuisine, les hommes en auraient acheté moins à l'extérieur ; économisant ainsi au total une somme importante qui, dans de nombreux cas, était nécessaire à la maison.

Il y a un an, des poulets pesant deux à trois livres étaient vendus ici pour un dollar la douzaine. Cette année, ils se vendent à deux dollars la douzaine. La volaille introduite au camp en petites quantités se vendait facilement à des prix variant de vingt-cinq cents à un dollar et cinquante cents pièce. Cela comprenait le poulet de deux livres et la dinde de dix-huit livres. De petites quantités d'œufs étaient apportées au camp et vendues à des prix variant de quinze à quarante cents la douzaine. Ils étaient très demandés et se vendaient à tous les prix. Les tartes furent apportées en grande abondance ; ils étaient faits de pêches et de pommes et vendus vingt-cinq cents pièce. Certains, ayant un peu de pitié pour le soldat, les vendaient dix et quinze cents. Les pêches sont très abondantes dans cette partie du Kentucky et sont conservées et séchées en grande quantité.

Le matin du 15 avril, ne trouvant rien d'autre à manger que des craquelins durs et du porc, et pas de café à préparer, j'ai décidé d'agir comme commissaire pendant au moins une journée. J'ai appelé AW, de la compagnie H, et ensemble, à sept heures du matin, nous avons quitté le camp et sommes partis à travers les champs. Nous avons dépassé le camp des maisons le plus proche et après avoir parcouru environ un mile, nous nous sommes arrêtés dans une cabane en rondins. Celle-ci était occupée par une famille noire , dont la propriété appartenait à l'occupant d'une maison attenante. Le propriétaire était absent et les nègres n'avaient aucune autorité pour vendre quoi que ce soit . Nous espérions avoir trouvé quelque chose à manger ici, mais n'ayant rien cuisiné sous la main, nous avons décidé d'aller plus loin. Cependant nous les persuadâmes de nous préparer des gâteaux que nous devions réclamer à notre retour. Un demi-mile plus loin, nous arrivâmes à une grande maison. La seule personne que nous avons pu trouver ici était une femme noire . Elle ne pouvait rien nous vendre. L'endroit suivant où nous nous sommes arrêtés appartenait à un certain Dr Evans. Ici, nous avons trouvé la famille à la maison et occupée, se préparant à aller au camp, avec un chargement de tartes, de gâteaux, de pâtés au poulet, etc. Nous avions prévu de prendre un petit déjeuner à cet endroit, mais la famille étant très occupée à spéculer, nous avons continué.

Espérant une maison sur la droite, à environ 800 mètres de cet endroit, nous nous y sommes dirigés. Nous fûmes accueillis à notre arrivée par environ une demi-douzaine d'enfants noirs , qui nous regardèrent avec autant de curiosité que des garçons le feraient à la maison devant le « hibou d'Amérique » exposé. Nous avons demandé la femme de la maison. Elle se trouvait à l'extérieur à ce moment-là et on nous l'a montrée. Nous nous sommes présentés et lui avons demandé si elle pouvait nous préparer un petit-déjeuner. Elle répondit par l'affirmative et nous fit entrer dans la maison. Il s'agissait d'une grande maison en rondins, celle qu'occupait le propriétaire des lieux. Les nègres en occupaient deux ou trois plus petits dans la même cour, et à environ cinq verges éloignées du bâtiment principal.

C'est ainsi que sont disposés les bâtiments des paysans de cette partie de l'État. Les nègres occupent tous des maisons en rondins. Certains propriétaires n'ont rien de mieux et habitent le même ; mais la plupart d'entre elles ont des maisons à charpente, et beaucoup d'entre elles sont grandes et élégantes. Les femmes noires ont la garde de tous les enfants, blancs et noirs, et la cuisine pour tous se fait dans les latrines. Nous nous sommes bien amusés à cet endroit. La femme de la maison avait apparemment environ soixante-quinze ans et était très intelligente et sociable. Son mari possède une grande ferme et environ quatorze ou quinze nègres . Ils élèvent du chanvre, élèvent des moutons, filent et tissent, comme nos parents le faisaient chez eux il y a cinquante ans. Ils ont souffert des incursions de l'ennemi, principalement par la perte de chevaux, n'en ayant plus assez pour cultiver leurs fermes. C'est en effet une perte sérieuse pour eux.

Au bout d'une demi-heure, notre petit-déjeuner nous fut apporté. Nous avons mangé des biscuits chauds, du bacon frit, du Johnny -cake, du beurre et du lait. Nous avons acheté ici cinq livres de beurre pour vingt-cinq cents la livre, ainsi que quatre douzaines d'œufs, que nous avons payés vingt-cinq cents la douzaine. Nous avons dépassé un kilomètre et avons acheté trois douzaines d'œufs de plus. De là, nous avons commencé notre retour au camp. Arrêté dans une maison et trouvant le propriétaire absent en expédition au camp, je persuadai les nègres de nous préparer du gâteau. Ici nous nous arrêtâmes trois quarts d'heure, pendant lesquels les femmes cuisinèrent de quoi remplir mon sac à dos, pour lequel elles me facturèrent vingt-cinq cents. En partant d'ici, nous nous sommes arrêtés à l'endroit où nous nous sommes arrêtés pour la première fois le matin et avons trouvé notre pain qui nous attendait : un gros johnny -cake et une miche de pain blanc. Ceci termina notre chargement, et à une heure de l'après-midi, nous arrivâmes au camp, prêts à revivre.

Nous avons eu un plus beau camp à cet endroit. Il était situé dans un bosquet, à un endroit où nous avions toutes les commodités nécessaires sous forme de bois et d'eau, avec beaucoup d'herbe sur laquelle rouler et culbuter. Les arbres de ce bosquet étaient en moyenne distants d'environ quarante pieds les uns des autres. Il s'agissait d'érable, de cerisier, de noyer noir et d'écorce de coquille commune, et beaucoup d'entre eux étaient de grande taille. Le sol en dessous a été balayé et toutes les broussailles, copeaux, etc., ont été enlevés.

Nous avions une « garde de brigade » ici à neuf heures du matin. La musique se levait à neuf heures précises, et tandis que nous observions les mouvements de la garde alors qu'ils approchaient simultanément de leurs différents régiments pour prendre la place qui leur était assignée, nous étions frappé par la beauté de la scène. Les gardes s'approchent, prennent place et la musique cesse. La « garde de camp » sur la droite de la ligne, avec rien que du canon et du matériel ; le "piquet" à gauche, avec gourde, musette et couverture, en plus. La ligne étant formée, le sergent-major qui la dispose, fait un « présent » à l'officier commandant et prend aussitôt place à gauche. Une fois qu'il a pris sa position, l'ordre est donné "devant". Sur ce, les officiers commissionnés font douze pas devant la ligne, les sergents huit et les caporaux quatre. Le commandant avance et donne en personne des instructions particulières à tous les officiers. Il revient alors à sa position et donne l'ordre : « officiers et sous-officiers, à l'envers », « inspectez vos gardes ». Les officiers reviennent ; les caporaux prennent place en ligne ; les lieutenants inspectent le premier rang, les sergents l'arrière. Le groupe joue pendant l'inspection. L'inspection terminée, la musique cesse et les officiers reprennent leur place dans la file. Puis vient l'ordre : « Musique, repoussez ». Le groupe commence à jouer une « marche lente » et, arrivant devant, continue le long de la ligne. Après avoir accompli les manœuvres qui les amènent à une « volte-face », ils reviennent en jouant un pas rapide et reprennent leur ancienne position . Puis l'ordre : "Par pelotons ! roue à droite ! marche !" Immédiatement après l'achèvement de la demi-roue, qui les amène de la ligne de bataille à la colonne, l'ordre est donné : "Passez en revue ! colonne en avant ! guidez à droite ! marchez !" La musique se met en marche, le premier peloton fait une demi-roue à gauche et marche en avant, précédé par la musique. Les autres pelotons qui arrivent roulent au même endroit que le premier. Après avoir avancé sur une certaine distance, une autre demi-roue gauche est réalisée. Marchant tout droit à partir de là, ils croisent « l'officier du jour », qui prend position directement devant le centre de la ligne, comme c'était le cas avant le déplacement, libéré par l'officier commandant la garde, qui se place sur le côté. à droite du premier peloton, et dirige le mouvement de la colonne. Au fur et à mesure que chaque peloton passe devant « l'officier du jour », les officiers en charge de leurs pelotons respectifs viennent au « cadeau », saluent et transmettent, — la « garde du camp » au soulagement de la « vieille garde ». ", le "piquet" à l'endroit qui leur a été assigné - le groupe cesse de jouer et la revue se termine. La montée des gardes de brigade, dont j'ai essayé de donner une description, est un spectacle beau et imposant.

Bien que le soldat endure de nombreuses épreuves et privations, il existe néanmoins de nombreuses scènes et associations agréables liées à la vie d'un soldat ; et je pense que si la guerre continue, beaucoup d'hommes, repensant au côté agréable de leur campagne, auront envie des scènes et des associations qui s'y rapportent et rejoindront les rangs.

Dieu veuille qu'ils le puissent ! et avec des cœurs et des mains bien disposés, et avec l'assurance de la justice de la cause pour laquelle ils luttent, puissent-ils se consacrer à nouveau à la cause de la liberté.

CHAPITRE VIII.

Jeudi 16. À cinq heures de l'après-midi, nous avons reçu des ordres de marche, avec des instructions de « préparer nos sacs à dos » et d'être prêts à marcher immédiatement. A six heures de l'après-midi, nous avons frappé des tentes, et au bout d'une demi-heure nous marchions, en compagnie du reste de la brigade, en direction de Boonesboro ; et, après une courte marche de cinq milles, campa pour la nuit sur les hauteurs qui forment les rives de la rivière Kentucky, à neuf heures du soir.

Vendredi 17. Nous ne quittions notre camp qu'à dix heures du matin, à cause du retard nécessaire à la traversée de la rivière. La cavalerie qui nous accompagnait commença la traversée tôt le matin, et à dix heures, la Douzième reçut l'ordre de se jeter. Après une marche d'un mille, nous arrivâmes au bord de la rivière, au lieu de traversée, à temps pour voir le la dernière cavalerie passe. La rivière à cet endroit avait peut-être cinquante tiges de largeur, et la commodité de la traversée était deux chalands, dans chacun desquels quarante hommes pouvaient être emmenés à la fois, et formés de telle sorte que nos équipes pouvaient monter ou descendre à chaque extrémité. . La rivière n'était pas profonde à cet endroit, et le mode de propulsion se faisait en poussant avec des perches.

Quelques incidents très amusants se produisirent à propos de notre passage sur la rivière Kentucky. Quelques attelages, composés chacun d'un chariot du gouvernement et de quatre mulets, étaient prêts et traversèrent en même temps que notre régiment. Ceci a été accompli en arrêtant le chaland à terre et en conduisant l'équipe sur et dans la partie avant du bateau. L'espace restant était rempli de soldats. Le chaland a été poussé et, après avoir atterri, l'équipe a été chassée. La manière de conduire un attelage de mules est la suivante : le conducteur s'assoit sur la mule à roue la plus proche, utilise une rêne et, à force de quelques petits cris, compris uniquement par ceux qui sont versés en muléologie , dirige son attelage. Les chalands étaient à peine assez larges pour laisser passer les roues des voitures, et il fallait beaucoup d'habileté pour monter et descendre sans accident. Alors qu'il chassait l'un des attelages, le mulet à roue proche, étant encombré, sauta du chaland, jetant la tête et les oreilles de son cavalier sous l'eau. L'homme, en remontant à la surface, fut bientôt à terre ; et le mulet, après avoir pataugé un moment, prit pied sur le rivage, et le chariot fut retiré. Aucun mal n'a été fait car nous avons pu veiller ni au mulet ni à son conducteur.

L'équipe suivante qui traversa, le cavalier, espérant profiter des malheurs de celui qui était en avance, descendit de cheval et tenta d'entraîner son équipe. Cette fois, se pressant à nouveau, l'une des mules s'en va dans le ruisseau, redescendant, suspendue au harnais, la tête tout juste hors de l'eau. Cela ressemblait à un cas désespéré de jambes cassées et de mort par noyade. Cependant, après quelques petits efforts, la mule fut détachée du harnais, la voiture fut tirée par les trois autres, et le malheureux, grâce aux efforts combinés d'une demi-douzaine d'hommes, fut finalement tiré de la rivière, complètement trempé. sinon, selon toute apparence, pas endommagé du tout.

La nôtre était la troisième compagnie à traverser, et en remontant la rive, nous avons continué sur un demi-mille et nous nous sommes reposés là jusqu'à ce que le reste du régiment nous rejoigne.

La rivière Kentucky, à cet endroit, est limitée de chaque côté par une chaîne de collines, semblables à des montagnes. Alors que nous approchions de la rivière avant de la traverser, de nombreuses scènes nouvelles et intéressantes se présentèrent à notre vue, nous rappelant notre voyage à travers les Alleghanies , notre première expérience dans des régions aussi montagneuses. Depuis notre camp, où nous avons passé la nuit, sur les hauteurs, la route qui mène au bac serpente le long des flancs des collines et à travers des ravins. De cette façon, la rivière était gagnée par une descente graduelle et facile. En quittant le camp, les beaux champs, les collines verdoyantes et les vallées herbeuses disparurent ; laissant place à des collines escarpées et escarpées, dont les flancs rocheux contrastaient tout à fait avec les scènes que nous laissions derrière nous. Comme nous approchions de la rivière, juste en face de nous et à gauche du côté opposé, se trouvait une corniche de calcaire s'élevant de la surface de l'eau qui baigne sa base, jusqu'à une hauteur de trois cents pieds, à une hauteur de près de trois cents pieds. ligne perpendiculaire, sa surface, à l'exception des coutures et *des crevasses* , lisse et blanche comme du marbre. C'était une approximation du grand et du sublime, et pour nous, inexpérimentés dans de telles scènes, un beau spectacle. La rivière qui coulait lentement à cet endroit, profondément enchâssée dans les collines, ne pouvait être vue par nous que lorsque nous étions tout à fait au bord. Au point de croisement se termine la route ; et du côté opposé se trouve le terminus de la route qui vient de la direction opposée. Lorsque nous arrivâmes à la rivière, du même côté se trouvent deux ou trois maisons, avec un terrain à peine arable, assez attenant pour faire un coin de jardin pour les occupants. De l'autre côté, nous trouvions davantage de bâtiments et, dans le voisinage immédiat du bac, des terres considérables en culture.

Pendant mon séjour, j'ai appris que nous étions à proximité immédiate de l'endroit où vivait Daniel Boone. Et c'est ici que commença la première colonisation du Kentucky par les Blancs. J'ai vu l'endroit où il a bâti son fort, et où il a réussi à résister aux attaques des Indiens, qui avaient décidé de l'expulser de son ermitage. J'ai également rempli ma gourde depuis Boone's Spring , ainsi appelé en l'honneur du vieux héros. Et tandis que je prenais une gorgée de ses eaux claires, je pensais combien de fois il avait visité cet endroit dans un but similaire, et je m'étonnais du courage et de la persévérance de l'homme qui pouvait exister dans cet endroit solitaire, entouré d'Indiens hostiles ; dépendant seul de ses propres ressources, même pour sa propre existence, sans autre appui terrestre que son propre bras fort, et j'ai senti que je pouvais rendre hommage à la bravoure et à la persévérance inébranlables du pionnier du Kentucky.

Nous nous arrêtâmes une heure pour que le reste du régiment nous rejoigne, puis commençâmes le lent et pénible travail de gravir les collines. C'était une journée très chaude et, même si nous nous reposions souvent, la marche était fastidieuse. Avant d'atteindre le sommet, nous nous sommes arrêtés pour permettre au reste de la brigade de remonter. Il était environ deux heures, P. M. Repartant, nous atteignîmes bientôt le sommet des collines et débouchâmes de nouveau dans un pays aussi beau que celui que nous avions laissé derrière nous. A la jonction de la route fluviale avec le brochet de Lexington et Richmond, nous nous sommes reposés deux heures. À cet endroit, le général Naglee et son état-major sont passés devant nous et ont choisi notre terrain de camping pour la nuit. L'endroit choisi était à environ trois milles de cet endroit et quatre de Richmond. Nous y sommes arrivés à sept heures de l'après-midi. À six heures de l'après-midi, alors que nous étions en route, la quatorzième cavalerie du Kentucky nous a dépassés, souillée de poussière et ressemblant à des vétérans usés par la guerre, comme ils le sont réellement. Leur expérience est celle des guérilleros qui investissent cet État et qu'ils combattent avec acharnement. Ils avaient l'air déterminés, et je suis sûr que les rebelles qui tombent entre leurs mains se retrouvent dans une situation difficile.

Le samedi 18, à sept heures du matin, nous sommes repartis, traversant Richmond à dix heures du matin, et à onze heures nous nous reposions sur notre terrain de camping, à deux milles plus loin. Sur ce terrain et dans les environs, eut lieu la bataille de Richmond, le 30 août 1862, au cours de laquelle les fédéraux furent vaincus, perdant 150 tués et 350 blessés. Le général Munson a été fait prisonnier et le général Nelson a été grièvement blessé lors de cet engagement. Les arbres d'ici portaient les traces de la lutte qui s'ensuivit. De nombreuses branches ont été arrachées et dans le tronc d'un grand cerisier, j'ai compté sept trous de balle. C'était une lutte désespérée contre toute attente, l'ennemi étant quatre contre un. Un des garçons, pendant que nous étions ici, a apporté un obus qu'il a ramassé à proximité de notre camp. C'était une véritable curiosité, évoquant l'époque où il avait été envoyé pour sa mission meurtrière, huit mois auparavant. Nous étions agréablement situés ici et nous nous sommes bien amusés.

Juste après notre arrivée ici, deux cantiniers ont commencé à nous rendre visite et, en l'absence de concurrence, nous ont facturé des prix exorbitants.

Un jour, voyant une foule nombreuse autour d'une des équipes, je suis monté. J'ai trouvé le propriétaire occupé à vendre des oranges à dix cents la pièce et du cidre à dix cents le verre. Pommes dans la même proportion. Et tandis qu'ils livraient par l'avant du chariot, les soldats, à son insu, avaient en même temps tapé un tonneau à l'arrière, et faisaient de vives affaires, remplissant les cantines, etc. Peu de temps après, j'entendis un tumulte et j'étais juste à temps pour voir son chariot renversé et ses courses distribuées. Sachant que l'autre cantinier était au camp avec du pain d'épice, dont le prix était de vingt-cinq cents les trois morceaux, de la taille de ma main, j'avais hâte de connaître son sort. Je n'ai pas eu longtemps à attendre, car je vis bientôt un côté d'un chariot s'élever dans les airs, le propriétaire en sauter et des pains d'épices voler dans toutes les directions. Cela a eu tendance à faire baisser les prix, et depuis lors aucun attentat de ce genre n'a été commis, car il n'a pas été nécessaire de répéter l'expérience.

***

CHAPITRE IX.

Combien de fois à la maison, alors qu'avec le labeur et les soins inhérents à la vie de ceux qui « gagnent leur pain à la sueur du front », avons-nous, à l'approche du samedi soir et avec lui les travaux de la semaine, avons-nous regardé avec impatience un jour de repos. A mille lieues de chez nous, la charrue a été échangée contre l'épée, le poinçon contre la baïonnette, face à un ennemi désespéré, et la chose est changée.

Le sabbat vient comme à la maison, mais malheureusement, il est plus « honoré dans la violation que dans l'observance », et semble être un jour spécialement désigné par les autorités militaires pour le combat et la marche. Nous avons reçu l'ordre de marche samedi 2 et devions être prêts à marcher le lendemain matin. Comme c'est notre habitude la veille d'une marche, tout était agitation et confusion. Les uns étaient occupés à préparer leurs effets, d'autres à causer, chacun devant exprimer son opinion sur l'endroit où nous allions, les chances de combat, etc. Une autre partie, qui à d'autres moments se reniait, s'adonnait à l'alcool, ce qui provoquait un hurlement général qui se prolongeait jusqu'aux petites heures de la nuit.

La veille de notre marche depuis Lexington, une partie des hommes se rendit en ville, prit beaucoup à boire et certains d'entre eux revinrent avec des gourdes remplies. La conséquence fut une nuit mouvementée et il ne fallut que peu de sommeil. Les hommes se disputèrent entre eux et, pour couronner le tout, à deux heures du matin, un des hommes de la compagnie voisine rendit visite à la compagnie F et se livra à une petite pratique de shillalah . Se balançant à droite et à gauche, au grand désarroi d'un de nos hommes, qui reçut un coup sur le sommet de la tête qui, à en juger par le bruit, aurait pu abattre un bœuf. Il fut mis *hors de combat* et conduit chez le chirurgien ; et après cette leçon salutaire, les garçons jugeant préférable de rester tranquilles, nous dormîmes quelques heures . Les bruyants de la compagnie F étaient baptisés « lions ». Le nom trouve son origine au Camp Casey, où ils occupaient deux de nos tentes Sibley, sur la gauche de la ligne, et, par leurs hurlements continus, rendaient « la nuit hideuse ».

Le samedi 2 mai, à la tombée de la nuit, le tumulte commença comme d'habitude. À dix heures, je me suis couché. Je n'ai cessé de faire une sieste, de m'éveiller et de dormir tour à tour, jusqu'à deux heures du matin. A ce moment-là, devant ma tente, un groupe avait une altercation qui menaçait de se terminer en bagarre. J'ai pensé qu'il valait mieux voir ce qui se passait. En regardant hors de mon hôtel, j'ai vu JR, le même individu qui officiait à Lexington, le club levé, menaçant de le mettre aux oreilles de son adversaire, qui le mettait au défi d'entrer en jeu. Des amis intervinrent, les empêchant d'en venir aux mains, et après de nombreuses injures et de rudes discussions, au cours desquelles tout le régiment fut troublé, ils furent séparés, et le calme régna de nouveau. Les résultats immédiats de la caravane de cette nuit étaient visibles de tous en la personne d'un de nos batteurs, qui s'était adonné au-delà de ses forces, et fut retrouvé sans vie dans sa tente, le 3 au matin, après avoir "se débarrassé de cet anneau mortel". " dans la mêlée.

La matinée du 3 mai nous trouva occupés à préparer la marche, malgré l'orage qui allait évidemment s'ouvrir sur nous. A huit heures, nous étions en route. Il commença à pleuvoir légèrement avant que nous quittions le camp, et après notre premier repos à l'extérieur de Richmond à dix heures du matin, il commença sérieusement. Nous nous sommes dépêchés et, à une heure, P. M., nous campions à Point Lick Creek, après avoir parcouru une distance de treize milles en quatre heures. Parfois, pendant cette marche, la pluie tombait à torrents, et nous arrivions au camp complètement trempés. Peu de temps après notre arrivée, le soleil s'est levé, les nuages se sont dissipés et nous avons passé un agréable après-midi. Cela nous a donné l'occasion de nous rouler et de culbuter sur l'herbe, de nous sécher et de monter nos tentes à notre guise. Notre camp était situé sur la route qui va de Richmond à Lancaster, et à peu près à mi-chemin entre les deux endroits. Il était évident que notre séjour ici serait de courte durée, car le soin habituel dans l'aménagement des camps n'était pas observé ici, nos tentes étant dressées de toutes les manières imaginables. Notre général formait son quartier général à une vingtaine de verges à l'est de notre camp, près d'une église. Cet édifice avait été construit peu de temps, était petit, de style moderne, sans clocher, et ressemblait beaucoup à une école de la Nouvelle-Angleterre.

Depuis notre arrivée ici jusqu'au samedi 9, le temps fut très désagréable. Une pluie considérable est tombée et pendant six jours nous avons été enveloppés de nuages et de brouillard. Malgré tout cela, notre général et son état-major recevaient de fréquentes visites des belles de Richmond, dont ils faisaient la connaissance pendant notre court séjour là-bas. Ils venaient par groupes d'une demi-douzaine à la fois. L'orchestre était appelé à faire une sérénade aux visiteurs de la foire, qui, formés avec nos officiers sur le green devant l'église, se joignaient à la danse labyrinthique et « faisaient trébucher le léger orteil fantastique ».

CHAPITRE X.

Le dimanche 10, à trois heures du matin, nous reçumes de nouveau l'ordre de marcher. A huit heures du matin, la brigade se dirigeait vers Lancaster. Notre compagnie, cette fois, était désignée comme arrière-garde, et devant attendre que toutes les équipes soient en route, nous ne partîmes qu'à dix heures du matin. La journée était très chaude, mais ayant l'avantage, comme garde, de nous arrêter souvent, nous fîmes une marche facile. A deux heures de l'après-midi, nous arrivions en vue de notre camp ; la brigade campait sur une colline, à moins d'un demi-mile du village de Lancaster, situation offrant une vue sur le pays à plusieurs kilomètres à la ronde.

Une source de divertissement qui nous était jusqu'alors refusée, nous avons eu le privilège de nous y livrer ici. Un petit étang dans le même enclos que notre camp, regorgeait de poissons, dont quelques-uns, une fois adultes, atteignent le poids énorme d'un quart de livre. Les hameçons et les lignes étaient en demande et les activités piscatoires étaient à l'ordre du jour.

Le Douzième Régiment en gants blancs, grâce à la générosité de notre Sutler ! — Bravo pour HS Patterson ! — Dans l'après-midi du 18 mai, chaque homme fut appelé devant la tente de son infirmier et en reçut une paire, et lors de la parade vestimentaire, les Douzièmes portaient des gants blancs. Certains ont suggéré le vieil adage selon lequel « le chat gant n'attrape pas les souris ». D'après notre apparence améliorée, d'autres prédisaient la chute rapide de la rébellion. De nombreuses questions ont eu lieu dans le régiment, à peu près à cette époque, quant à la date d'expiration de notre mandat. Un de nos hommes réclamant son congé, neuf mois après son engagement, espérant savoir quand le régiment devait rentrer chez lui, se rendit chez le colonel et l'aborda ainsi :

"Eh bien, Colonel, je suppose que mon temps est écoulé."

Le colonel dit : « Qu'allez-vous faire à ce sujet ? Rentrez-vous chez vous maintenant ou allez-vous attendre le reste des garçons ? »

» Dit l'homme, quelque peu déconcerté : « Je pense que je vais rentrer à la maison avec le reste des garçons. »

"Eh bien", dit le "vieux colonel", "je suppose que vous feriez mieux ; nous rentrons tous bientôt à la maison."

L'homme se retira, très abattu par le résultat de son entretien.

Le 20 mai, lors du défilé vestimentaire, on nous a lu le discours d'adieu du général Naglee , qui avait démissionné de son commandement et s'apprêtait à rentrer chez lui. Il souffrait d'une affection du cœur et se trouvait incapable de continuer plus longtemps sur le terrain. Il devait nous quitter le 21 et nous invitait tous à venir le voir. Le 20 au soir, au coucher du soleil, la fanfare formée devant ses quartiers commença à jouer, et peu de temps après une bonne partie de la brigade se rassembla pour entendre les mots d'adieu du général. Nous le trouvâmes assis devant sa tente, se levant de temps en temps pour saluer les officiers qui arrivaient par groupes des différents régiments.

L'orchestre jouait quelques morceaux, lorsque le général, se plaçant devant, leur adressa quelques mots d'adieu, puis, les prenant chacun par la main, il leur dit adieu. Puis, se tournant vers les soldats, il leur fit un bref discours, leur disant adieu, disant qu'il serait heureux de serrer la main de tous ceux qui choisiraient de se manifester. L'orchestre a joué "Home, Sweet Home", à la fin duquel nous nous sommes tous retirés dans nos quartiers.

Le colonel Griffin, du Sixth New Hampshire, succède alors au général Naglee au commandement de la brigade.

Le 21 mai, les ennemis s'accumulaient sur le Cumberland et occupaient la rive sud du fleuve, où leurs mouvements étaient étroitement surveillés par nos forces. Quelques jours auparavant, ils avaient réussi à lancer une force. Cela provoqua un combat au cours duquel ils furent repoussés et repoussés. Nous étions alors sous ordre de marche et nous nous tenions prêts à marcher à bref délai au cas où il aurait été jugé nécessaire d'envoyer des renforts.

Le 22 mai, à neuf heures du soir, nous reçumes l'ordre de marcher. Le lendemain, à sept heures, la première brigade était en marche, accompagnée de la seconde, qui la suivait de près. En prenant la route du Somerset, nous fûmes bientôt assez bien installés dans tous les privilèges et conforts d'une marche par une journée chaude, sèche et poussiéreuse. À onze heures du matin, nous nous sommes arrêtés pour dîner, après avoir parcouru neuf milles. Nous repartîmes à deux heures et demie de l'après-midi et à quatre heures de l'après-midi, campant près de Crab Orchard, à douze milles de notre dernier camp, près de Lancaster.

CHAPITRE XI.

Lors de notre marche depuis Lancaster, une de mes connaissances, que je pensais, grâce à ses relations avec les officiers, pourrait connaître notre destination, m'informa que nous ne devions marcher que trois ou quatre milles et que nous devions camper dans un bosquet de chênes. L'endroit avait été choisi la veille par notre général, et c'était en effet un bel endroit, riche en excellentes sources d'eau, et à proximité immédiate d'une rivière, un endroit admirable pour se baigner, etc. C'était une journée très chaude, et comme les routes étaient sèches et poussiéreuses, cela rendait notre marche inhabituellement pénible, et au lieu de la chênaie, mais distante de quatre milles, avec tous ses magnifiques environs, nous avons fait une marche de douze milles, et avons trouvé nous nous trouvons enfin dans un bosquet de ronces, à un mille et demi au nord du village de Crab Orchard, un endroit dépourvu de tout ce qui est vert, si l'on excepte les mûriers et les pouliots, et regorgeant de toutes sortes de choses rampantes. Le 25 au soir, l'information ayant été reçue que l'ennemi était dans les environs de Somerset et pourrait faire un raid dans notre direction, on nous ordonna d'être en alerte. La compagnie I a été chargée d'un service de piquetage supplémentaire et toutes les précautions ont été prises contre une attaque. L'après-midi du 26, à six heures, la Douzième frappe des tentes et avance d'un demi-mille au-delà du village de Crab Orchard, pour soutenir la deuxième batterie de New York, qui avait pris position la nuit précédente dans une position stratégique. champ commandant les routes de Mount Vernon et Somerset, qui se rejoignent à cet endroit. Ici, nous avons campé à nouveau pendant une courte période.

Le 1er juin, nous reçumes l'ordre de nous mettre en état de marche légère et de nous tenir prêts à marcher à bref délai. En conséquence, le matin du 2 juin, toutes les caisses et tous les tonneaux disponibles furent grattés, et les pardessus et tous les autres bagages superflus furent emballés et envoyés à l'arrière. Beaucoup de garçons s'étaient flattés que nos jours de combat étaient terminés, mais depuis ce dernier ordre, ils commencent à penser que « la fin n'est pas encore ».

Le 3 juin au soir, au « défilé vestimentaire », notre colonel prononça un discours dans lequel il félicita le 12, leur disant que selon toute probabilité ils auraient bientôt de nouveau l'occasion de rencontrer l'ennemi sur un champ de foire. Il espérait avoir le privilège de les diriger de nouveau, et il était convaincu qu'ils s'en acquitteraient avec honneur et rendraient chez eux un honneur à l'État qu'ils représentent. Dans un court discours de dix minutes, nous étions tous impressionnés par la certitude d'un conflit proche et, dans notre imagination, nous pouvions presque entendre le vacarme de la bataille et voir le « sanglant 12e », avide de mêlée, se précipiter au plus épais du combat. , conduisant tout devant eux. Bientôt la victoire couronne nos efforts, et descendant du ciel, l'aigle, emblème de notre nationalité, se perche sur notre bannière ! Notre histoire est de devenir immortelle ! Des couronnes de laurier encerclent nos fronts ! Les roses pleuvent sur nous et, dans les brumes tourbillonnantes, un halo éternel de gloire nous enveloppe . La rumeur disait que notre colonel était sur le point de remettre à chaque homme de son régiment une tunique, à la manière d'une robe de boucher, et qu'en jetant de côté tout autre vêtement, nous devions partir immédiatement et anéantir l'ennemi dans ses places fortes. . Le 4 juin au soir, nous reçumes l'ordre d'être prêts à marcher le lendemain matin, à quatre heures et demie, chaque homme devant recevoir soixante cartouches de munitions et huit rations quotidiennes. Le lendemain à cinq heures du matin, le régiment était en ligne, et en quinze minutes nous traversions le village de Crab Orchard en empruntant la route de Lancaster, accompagnés du reste de la brigade. À dix heures du matin, alors que nous étions à moins d'un mille de Lancaster, nous avons fait demi-tour et nous sommes arrêtés jusqu'à deux heures et demie de l'après-midi. Ici, il est devenu généralement connu que nous devions marcher vers Nicholasville, le plus tôt possible, pour y trouver un moyen de transport vers un endroit. nous est encore inconnu. Diverses hypothèses étaient formulées quant à l'endroit où nous devions aller. Nous étions bientôt convaincus que la première brigade devait se présenter à Vicksburg. Alors la question se posa : le Douzième les accompagnerait-il, ou serait-il détaché et abandonné en chemin.

À deux heures et demie, après-midi, on nous ordonna de nouveau de faire la queue ; à trois heures, il traversa Lancaster et à sept heures arriva au « Camp Dick Robinson », après avoir parcouru vingt et un milles. Ici, nous avons campé pour la nuit. L'apparition du ciel annonçait de la pluie, c'est pourquoi beaucoup d'entre nous ont pris la peine de planter leurs tentes. Ceci, ajouté à la préparation du café et au dîner, occupa notre temps jusqu'à dix heures. Vers cette époque, nous nous rendîmes pour prendre le peu de repos possible avant le « réveil », qui devait être battu à quatre heures du matin. A l'heure dite, le roulement des tambours nous annonça que nos heures de sommeil étaient terminées. Nous sommes arrivés en toute hâte, ayant à peine le temps de prendre notre petit-déjeuner et de faire nos valises avant d'être appelés à faire la queue.

A quatre heures et demie, nous reprenions la route. À sept heures du matin, nous entrâmes dans Pleasant Valley. Ici, le paysage est devenu le plus sauvage et le plus pittoresque, et lorsque nous avons traversé le pont Hickman, la grandeur du paysage m'a impressionné au-delà de tout ce que j'ai jamais vu. Des montagnes, hautes de plusieurs centaines de pieds, dominaient nos têtes dans toutes les directions. Le pont est une belle structure ; il a été construit en 1836, mesure peut-être deux cents pieds de long et enjambe la rivière

Kentucky, à environ soixante pieds au-dessus de ses eaux. Après être sorti de ce défilé, et à moins d'un mille de Nicholasville, le colonel Griffin reçut une dépêche nous détachant de la brigade, avec l'ordre pour le colonel Browne de se présenter dans une autre direction. A cette époque, nous étions en avance sur la brigade. Nous nous arrêtâmes aussitôt, et tandis que la brigade passait, nous donnâmes trois acclamations d'adieu à chaque régiment et commençâmes à revenir sur nos pas. Après avoir parcouru un demi-mille, nous nous dirigeâmes vers la droite, dans un bosquet, où nous passâmes la nuit. À cinq heures du matin, nous fûmes mis en ligne au tambour et, le dixième jour de juin, nous campâmes dans le Somerset, après avoir marché, en six jours consécutifs, plus de cent milles, sous un soleil brûlant, avec des sacs à dos lourdement chargés de rations et de nourriture. munitions, nous retrouvant enfin à vingt-huit milles de Crab Orchard, d'où nous sommes partis le 4 juin. Notre campement était dans un bosquet, à un quart de mille à l'ouest du village, sur un terrain occupé par Zollicoffer en 1861 ; ici, il se prépara à prendre position contre les forces envoyées pour le repousser ; des tranchées furent creusées et de grands arbres nobles, coupés à l'époque, gisaient épais sur le sol. Son sort fut décidé à Mill Springs, le 20 janvier 1862.

Rien de remarquable ne s'est produit pendant notre séjour ici, la plupart de notre temps étant consacré à combattre les mouches qui pullulaient autour de notre camp et à essayer de nous mettre aussi à l'aise que possible dans les circonstances. Il faisait extrêmement chaud pendant notre séjour ici et les mouches semblaient déterminées à nous anéantir.

Le 20 juin, à midi, reçut de nouveau l'ordre de marche, et à quatre heures de l'après-midi, campa sur les hauteurs qui forment les rives de la rivière Cumberland, à proximité immédiate de Stigall's Ferry, à sept milles de Somerset. Ayant envie de me baigner dans les eaux de ce célèbre ruisseau, je le visitai à cet effet de bon matin le lendemain matin, et revins au camp juste à temps pour prendre ma place dans la file de notre marche de retour. Nous atteignîmes Somerset à une heure, après-midi, nous nous reposâmes jusqu'à trois heures, lorsque nous reprenâmes notre ligne de marche vers Jamestown, où nous avions reçu l'ordre. Nous avons campé pour la nuit sur « Logan's Old Fields », où s'est déroulée la bataille de Mill Springs, en janvier 1862. Cet endroit est éloigné de Somerset de neuf milles, ce qui faisait la marche de notre journée de seize milles. Nous y trouvâmes le 32e Kentucky, le lieutenant-colonel Morrow, parti de Somerset avant nous, et qui devait être nos compagnons à Jamestown, les deux régiments étant sous le commandement du colonel GH Browne, l'officier supérieur.

A cinq heures du matin, le lendemain matin, le 32e prit la tête, suivi immédiatement par le 12e. Ce jour-là, nous sommes arrivés à Shady Creek, à huit heures de l'après-midi, où nous avons campé, après avoir parcouru seize milles sur les routes les plus accidentées imaginables. A midi, M., le lendemain, nous traversâmes Jamestown et campâmes à proximité immédiate, après avoir parcouru dix milles sur une route où il fallait l'activité et l'ingéniosité d'un furet roux pour nous tenir debout. Le 24 juin, nos équipes partirent pour le Liban, distant de soixante milles, pour se procurer des rations, et il devint bientôt évident que nous ne devions pas rester ici les bras croisés. Nos éclaireurs signalèrent que l'ennemi tentait de traverser le Cumberland, et toutes nos forces furent employées à les tenir en échec. Notre courageux colonel s'est rendu au village et a affûté son sabre, se préparant à couper et à taillader. Une force importante fut envoyée sur trois milles sur la route vers Columbia, où un fort grossier fut construit et mis en garnison, sous la surveillance de notre colonel. Des corps d'hommes ont été envoyés dans d'autres directions pour abattre des arbres et obstruer les routes ; et tout était prêt pour accueillir chaleureusement l'ennemi.

Le 28 juin, la cavalerie du colonel Woolford et la brigade du colonel Kautz nous rejoignirent, depuis lors il y eut des escarmouches constantes avec l'avancée de Morgan. Notre régiment a connu à cette époque un service difficile. De lourds piquets étaient maintenus en permanence à l'extérieur ; nos rations s'épuisaient et, pour rendre la situation encore plus désagréable, il pleuvait continuellement chaque jour, parfois à torrents. Nos équipes, attendues le 28, furent malheureusement retardées à leur retour par la présence de l'ennemi en Colombie.

Ils avaient dépassé le pont de la rivière Verte, et se hâtaient, et étaient presque arrivés à Columbia, avant de se rendre compte du danger ; Apprenant cela, ils se précipitèrent immédiatement à travers Green River, lorsqu'ils rencontrèrent une force de trente hommes envoyés du Liban pour les protéger, ils décidèrent de tenir ici jusqu'au matin. Au cours de la nuit, le pont a été emporté par la crue provoquée par les fortes pluies. Il ne leur restait pas d'autre alternative que d'atteindre le camp par une route détournée, traversant la rivière à un gué à une vingtaine de milles au nord. Le 3 juillet, à dix milles du camp, ils furent attaqués par soixante ou soixante-dix cavaliers de Morgan. Les gardes, se montrant à la hauteur du danger, se précipitèrent parmi eux avec une grande fureur, les repoussèrent, en tuèrent un et firent sept d'entre eux prisonniers ; les autres ont réussi leur évasion. Peu de temps après, les équipes atteignirent Jamestown, très excitées par leur voyage aventureux. Pendant ce temps, nous nous attendions à être attaqués et nous fûmes rappelés à deux reprises au rang. Le matin du 4 juillet, une grande force ennemie s'est rapprochée de nous ; les obusiers de signalisation furent tirés et le long roulement fut battu. Le régiment sortit, prit position et attendit son approche ; mais l'ennemi nous évitait. Le dimanche 5, on apprit que Morgan avec toutes ses forces avait traversé la rivière et s'était glissé devant nous, on nous ordonna de retourner dans le Somerset. A neuf heures du matin, les

provisions furent mises à bord des équipes, et nous reprenâmes notre marche
.

C'était une journée très chaude et étouffante, et les routes étaient en mauvais
état, à cause des pluies tardives, rendant notre marche extrêmement difficile.
Les pauvres garçons étaient très fatigués et les tentes et les couvertures
volaient dans toutes les directions. Nous atteignîmes Russell's Spring et y
fîmes halte jusqu'à quatre heures de l'après-midi. Nous avions avec nous
vingt-cinq prisonniers, fruit de notre excursion à Jamestown. À quatre
heures, nous sommes partis quand il a commencé à pleuvoir et nous avons
continué jusqu'à la nuit ; la plupart du temps, il pleuvait en torrents, et nous
faisions une marche de huit milles, avec seulement deux arrêts de cinq
minutes chacun, et à la tombée de la nuit, nous campions à un mille de Shady
Creek, trempés jusqu'aux os.

Le lendemain matin, le 6 juillet, nous avons attendu jusqu'à neuf heures du
matin pour que l'équipe revienne avec nous, lorsque nous sommes repartis,
avons marché onze milles et nous sommes de nouveau arrêtés pour la nuit.
Le 7 juillet, arrivé dans le Somerset à sept heures, P. M.

Le lendemain, à cinq heures de l'après-midi, nous marchâmes de nouveau, *en
route* vers Hickman's Bridge, en passant par Crab Orchard et Stanford. J'ai
marché six milles et je me suis arrêté pour la nuit. Le 9 juillet, j'ai marché
vingt-deux milles, atteignant Crab Orchard à huit heures, après-midi.

Le lendemain, nous avons traversé Stanford à dix heures et nous nous
sommes arrêtés pour le dîner à onze heures du matin à un mile du village.
Ici, notre colonel a été informé qu'il pouvait faire monter son régiment dans
le train de ravitaillement, qui était tout prêt à se rendre à Hickman's Bridge.
Notre colonel a accepté l'offre et, en une demi-heure, nous étions à bord et
en route, au grand soulagement des membres souffrant et endoloris du
régiment « itinérant » de Rhode Island. Le train s'est arrêté à Dick River, nous
sommes descendus de cheval et avons campé. Le lendemain, 11 juillet, à une
heure de l'après-midi, nous descendîmes de cheval à Hickman's Bridge,
gravissâmes la colline et à deux heures de l'après-midi, nous nous arrêtâmes
au quartier général du général Burnside pour prendre des ordres. Nous
sommes restés ici jusqu'à neuf heures du matin, le 12 juillet, lorsque nous
avons reçu l'ordre de nous présenter à Cincinnati. Nous avons ensuite
marché jusqu'à Nicholasville, sommes montés à bord du train à deux heures
de l'après-midi et sommes arrivés à onze heures du soir à Covington.

Le 13, à sept heures du matin, nous avons traversé l'Ohio et, empilant les
armes devant le Fifth Street Market House, nous y avons attendu le petit-
déjeuner. Ici, nous avons appris que Morgan, omniprésent, se trouvait à
quelques kilomètres de la ville et avançait. La loi martiale devait entrer en
vigueur dans la ville à dix heures du matin. Les compagnies s'armaient et

s'organisaient, et nous fûmes bientôt informés que seule la présence du douzième volontaire du Rhode Island pouvait sauver la ville d'une destruction totale. Cette agréable information nous fut communiquée après le dîner, alors que nous travaillions à gravir Vine Street Hill, vers un nouveau camp où nous étions destinés à rester quelques jours de plus. C'était une triste nouvelle, et certains des garçons en furent plutôt tumultueux, se demandant naturellement si la même nécessité n'existerait pas à Bungtown ou ailleurs. À propos, la durée du service pour lequel notre régiment était enrôlé était déjà expirée ; et les douze volontaires du Rhode Island, fatigués et épuisés, avaient espéré que nous étions enfin sur le chemin du retour.

C'était effectivement décourageant pour beaucoup d'entre nous, qui s'attendaient à ce qu'à notre arrivée ici, rien ne viendrait interrompre notre voyage. Nous ne pensions pas que même ici, dans l'Ohio, la présence de John Morgan nous obligerait à nous rassembler à nouveau. A cette époque également, l'émeute faisait rage à New York, et les autorités éprouvaient une certaine appréhension à l'idée d'une manifestation similaire à Cincinnati. Cela suffisait pour nous retenir, et à la jonction des deux routes sur le mont Auburn, dans l'après-midi du 13 juillet, les douze volontaires du Rhode Island établirent leur camp, et le même soir le « redoutable John » l'éclaira. en brûlant un pont à moins de trois milles de nous.

dimanche 19, des renforts étant arrivés, nous fûmes relevés, et à sept heures du matin ce jour-là nous quittions Cincinnati pour Rhode Island ; où, le 29 juillet 1863, nous fûmes retirés du service des États-Unis. Les détails de notre voyage, ainsi que notre accueil à Providence, je copie du "Providence Evening Press" du 22 juillet, à la fin duquel est annexé l'ordre que le général Burnside, en remerciement de nos services, à notre départ de son département. , délivré au régiment.

RETOUR DU DOUZIÈME RÉGIMENT.

Ce noble régiment est revenu aujourd'hui de ses services pénibles et prolongés sur le théâtre de la guerre. L'ampleur inhabituelle des difficultés et des risques auxquels elle a été soumise, les tâches importantes qu'elle a accomplies et les lourdes pertes qu'elle a subies dans la défense du pays, ont fait qu'il était tout à fait approprié qu'elle soit accueillie par des manifestations exprimant la volonté populaire. intérêt pour tout ce qui concerne nos valeureux soldats.

Le bilan de ce régiment se compare favorablement à celui de n'importe quel régiment de neuf mois qui a été en service pendant la guerre. Outre de longues et fréquentes marches, ils ont passé sept mois de leur temps au front, en face du danger, et où les devoirs qui leur étaient imposés ont mis à rude épreuve toutes leurs énergies.

Le régiment a quitté Cincinnati dimanche matin et s'est rendu par chemin de fer à Dunkerque sur le chemin de fer Erie, et de là à New York, où il est arrivé hier matin à onze heures. Ils partirent vers une heure pour Providence sur le paquebot Commodore, arrivant vers quatre heures à une courte distance en aval de Nayatt , où ils jetèrent l'ancre. Ils arrivèrent à la ville peu après et débarquèrent vers sept heures. Un salut a été tiré par l'artillerie de marine.

Les quatrième et sixième régiments de la milice du Rhode Island ont été déployés sur Benefit Street pour recevoir les anciens combattants de retour et les ont applaudis bruyamment alors qu'ils franchissaient les lignes ouvertes. Une foule d'amis en attente, qui s'étaient rassemblés à la Pointe, se rassembla immédiatement autour des vaillants garçons, et la courte halte fut améliorée par l'échange des salutations les plus chaleureuses.

Vers huit heures, la ligne de marche était formée dans l'ordre suivant :

Fanfare américaine.

Corps de tambours.

Section d'artillerie de marine.

Sixième Régiment, RIM, Colonel James H.
Armington .

Corps de tambours.

Quatrième Régiment, RIM, Colonel Nelson Viall.

Corps de tambours.

Douzième Régiment, RIV, Colonel George H.
Browne,

Lieut. Le colonel James Shaw, Jr., le major Cyrus
G. Dyer,

Adjudant Matthew N. Chappell.

Co. B, Capitaine James M. Longstreet, Lieuts .
Albert W.

Delanah et Charles A. Winchester.

Co. I, Capitaine George A. Spink , Lieuts . Munson H.Najac

et John H. Weaver.

Co. F, Capitaine William E. Hubbard, Lieuts . William H.

King et Francisco Ballou.

Co. K, Capitaine Oscar Lapham, Lieuts . Edmund W. Fales

et Charles H. Potter.

Co. E, (société couleur), Capitaine John J. Phillips, Lieuts .

Luther Cole, Jr., et Edward V. Wescott .

Co. D, Capitaine John P. Abbott, Lieuts . George H. Tabor

et Henry M. Tillinghast .

Co. H, Capitaine Oliver H. Perry, Lieuts . Arnold F.Salisbury

et JN Williams.

Co. A, Capitaine Christopher H. Alexander, Lieuts . Édouard

F. Bacon et Joseph C. Whiting, Jr.

Co. G, Capitaine William C. Rogers, Lieuts . James A. Bowen

et Fenner H. Peckham, Jr.

Co. C, Capitaine James H. Allen, Lieuts . George Bucklin et

Beriah G. Browning.

Intendant, John L. Clarke ; Chirurgien, Benoni Carpenter ; Assister. Chirurgien, Samuel M. Fletcher ; Aumônier, SW Field.

Arrière-garde d'une vingtaine d'hommes détachés de toutes les compagnies.

Le cortège a suivi l'itinéraire habituel jusqu'à Exchange Place, où les hommes ont déposé les armes, et les poignées de main et les félicitations universelles étaient à l'ordre du jour.

Les rues étaient remplies de monde. Des drapeaux étaient déployés tout le long de la marche ; les mouchoirs s'agitaient partout, et les bouquets et les couronnes étaient dispersés d'une main libérale. Les régiments d'escorte se présentèrent avec des rangs très complets et firent une démonstration des plus efficaces. Une belle collation, servie par LH Humphreys, fut fournie aux troupes de Howard Hall. Il y avait huit tables réparties sur toute la longueur de la salle, soigneusement réparties avec des plats des plus acceptables et présentant une apparence des plus joyeuses et des plus accueillantes. Les officiers des régiments se divertirent sur l'estrade. Environ deux mille plaques furent posées et les trois régiments furent largement pourvus.

Le révérend Dr Swain, aumônier du sixième régiment, a invoqué une bénédiction sur le repas, après quoi Son Excellence le gouverneur Smith s'est avancé et a accueilli de manière très heureuse le régiment dans l'État et les a remerciés pour les services qu'ils avaient rendus. rendus sur le terrain.

Le colonel Browne a répondu en substance comme suit :

"En mon propre nom et en celui des officiers et soldats sous mon commandement, je vous remercie de la manière aimable avec laquelle vous avez eu plaisir à parler de nous. Après l'approbation de notre propre conscience, nous accordons le plus haut prix à l'approbation de ceux que nous aimons. Cette approbation de conscience dont nous jouissons. Au maximum de nos capacités depuis que nous avons quitté cet État, nous nous sommes efforcés de maintenir son honneur et de travailler à la répression de la rébellion. Ton accord.

"Vos paroles d'éloge montrent que nos services n'ont pas été ignorés. Il serait peut-être bon pour moi de mentionner brièvement certains faits de notre histoire en tant que régiment. Nous avons parcouru plus de 3 500 milles, dont cinq cents à pied, portant littéralement les maisons dans lesquelles nous vivions, les provisions avec lesquelles nous devions subsister pendant six et même huit jours, et les armes avec lesquelles nous devions nous défendre et nous opposer à l'ennemi.

"Sur le champ de Fredericksburg, cent neuf de mes braves hommes ont été perdus sous mon commandement. Par la suite, lorsque la peste s'est propagée dans le camp, et au milieu des difficultés et des privations, cent vingt autres ont été balayés en trois courtes semaines ; pas tous voire vers la tombe silencieuse, puisque quelques-uns traînent encore dans les hôpitaux.

"Mais grâce aux efforts constants de mes officiers pour préserver la propreté et la discipline dans le camp, nous sommes heureux de ramener aujourd'hui à nos amis plus de sept cents de ceux qui ont marché avec moi depuis Washington jusqu'aux rives du Rappahannock.

"Nos devoirs ont été des espèces les plus variées. Mais à travers eux tous, la bonté uniforme de l'État a toujours veillé sur nous. Pendant que nous étions au camp où la peste nous assaillait et où la misère nous faisait souffrir, votre bon navire Elizabeth et Helen nous a apporté des fournitures indispensables ; et si votre générosité a pesé sur nos dos, elle a certainement allégé nos cœurs et nous a réconforté dans cette marche fatiguée.

« Permettez-moi en conclusion de vous féliciter, vous les officiers qui vous entourent, ainsi que tous nos citoyens, de ce que nous arrivons chez nous à un moment où tout est si joyeux et si prospère. Messieurs, encore neuf petits mois, et vous verrez ce pays un pays réunifié - une nation puissante, dont les armes seront plus un bouclier pour chaque citoyen que ne l'a jamais été Rome dans ses jours les plus fiers.

A l'issue de la collation, les militaires ont été licenciés. Le douzième régiment reçut l'ordre de se rassembler dans cette ville mercredi prochain, à dix heures du matin.

QUARTIER GÉNÉRAL, DÉPARTEMENT DE L'OHIO ,
Cincinnati, Ohio , 17 juillet 1863.

ORDONNANCES GÉNÉRALES, N° 115.

A l'occasion du départ du Douzième Régiment de Volontaires de Rhode Island, à l'expiration de leur mandat d'enrôlement, le Général Commandant tient à exprimer ses regrets de prendre congé de soldats qui, au cours de leur bref service, sont devenus des vétérans. Après avoir traversé des expériences de grandes épreuves et de dangers, ils reviendront avec la fière satisfaction de savoir que, parmi les défenseurs de leur pays, la réputation de leur État n'a pas souffert entre leurs mains.

Par commandement du major général BURNSIDE .

LEWIS RICHMOND ,
assistance. Adjudant général .

LA FIN.

9 789359 940342